Quintessenz-Reihe

Reihenherausgeber
Nils Bickhoff
Quintessential Strategies
Hamburg, Germany

Weitere Bände in dieser Reihe:
http://www.springer.com/series/8682

Peter Thilo Hasler

Quintessenz der Unternehmensbewertung

Was Sie als Investor und Entscheider wissen müssen

Springer Gabler

Peter Thilo Hasler
München
Deutschland

ISSN 1869-6414
ISBN 978-3-642-36477-8 ISBN 978-3-642-36478-5 (eBook)
DOI 10.1007/978-3-642-36478-5

Die Deutsche Nationalbibliothek verzeichnet diese Publikation in der Deutschen Nationalbibliografie; detaillierte bibliografische Daten sind im Internet über http://dnb.d-nb.de abrufbar.

Springer Gabler

Lektorat: Juliane Topka, Hamburg (www.julianetopka.de)

Gedruckt auf säurefreiem und chlorfrei gebleichtem Papier

Springer Gabler ist eine Marke von Springer DE. Springer DE ist Teil der Fachverlagsgruppe Springer Science+Business Media
www.springer-gabler.de

Vorwort

What we obtain too cheap, we esteem too lightly;
it is dearness only that gives everything its value.
Thomas Paine (1737–1809), politischer Aktivist
und einer der Gründerväter der USA

Eine Unternehmensbewertung ist – unter anderem – erforderlich, wenn eine Gesellschaft ge- oder verkauft werden soll, wenn die Vermögenswerte im Falle einer Scheidung ermittelt werden müssen, wenn ein Streit mit Minderheitsanteilseignern zu beenden ist – zum Beispiel, weil diese beabsichtigen, sich von ihren Anteilen zu trennen –, wenn einem Wirtschaftsprüfer oder Steuerberater eine objektive Grundlage gegeben werden soll, um einen Abschluss zu erstellen, oder wenn ein Aufsichtsrat einen Anhaltspunkt für die gesetzeskonforme Vergütung seiner Vorstände benötigt.

Erschwert wird die Wertermittlung dadurch, dass unterschiedliche Bewerter zu unterschiedlichen Ergebnissen kommen. Dies liegt nicht nur an den Bewertungsverfahren, die jeweils verwendet wurden, sondern auch an den Prämissen, die als Inputfaktoren in die Bewertung eingeflossen sind. Angenommen, die Bewertung eines Unternehmens basiert auf nur drei Inputfaktoren (zum Beispiel der Ausschüttungsquote, dem Gewinnwachstum und der geforderten Eigenkapitalverzinsung) und jeder dieser Parameter kann zehn verschiedene Ausprägungen annehmen, die jeweils mit gleicher Wahrscheinlichkeit eintreten sollen – eine in der Realität sicherlich wenig ambitionierte Vorstellung –, lassen sich daraus 1.000 verschiedene Unternehmenswerte berechnen. Die Wahrscheinlichkeit, dass zwei Bewerter mit unterschiedlicher Risikoeinstellung, sozialer Prägung und Erwartungshaltung bei der Verwendung derselben Bewertungsmethodik zum gleichen Ergebnis kommen, ist daher äußerst gering; was erst, wenn sie unterschiedliche Methoden verwenden?

Darüber hinaus ist der einmal ermittelte Unternehmenswert immer nur für einen bestimmten Zeitpunkt gültig. Wie die Kursentwicklung nach überraschenden Gewinnwarnungen zeigt, kann dieser schon Sekunden später deutlich von seinem Ausgangswert abweichen: Jede neue Information, jeder Quartalsbericht, jede Ad-hoc- oder Pressemeldung beeinflusst den Unternehmenswert, ebenso übrigens wie Änderungen der Erwartungen zur Konjunktur, zum Zinsumfeld, zu den Wechselkursen oder zu wesentlichen Rohstoffpreisen. Selbst die Aussagen von Wettbewerbern können bewertungsrelevant sein. Kein Wunder, dass zwei Investoren völlig unterschiedliche Vorstellungen über die künftigen Umsatz-, Ertrags- und Liquiditätsströme, Dividenden oder Kapitalkosten – und damit über die Unternehmenswerte – haben müssen.

Das, was von Theoretikern als ein einfacher Vorgang beschrieben wird, nämlich die Diskontierung zukünftiger Zahlungsströme anhand von risikoadäquaten Zinssätzen, führt in der Praxis notgedrungen zu uneindeutigen Ergebnissen. Wenn selbst Lord Keynes sagt, „*there is nothing so disastrous as a rational investment policy in an irrational world*"[1], wäre zu hinterfragen, ob der Aufwand, Unternehmen anhand von mehr oder weniger ausgefeilten und arbeitsaufwendigen Methoden zu bewerten, überhaupt zu sinnvollen Ergebnissen führen kann.

Zum Glück hat schon Mitte der 1980er-Jahre Warren Buffett, der sicherlich erfolgreichste Investor der Welt, den Glauben an die Unternehmensbewertung gestärkt, als er versicherte: „*What could be more advantageous in an intellectual contest … than to have opponents who have been taught thinking is a waste of energy?*" (Buffett und Cunningham 1999, S. 91). Selbstverständlich sind verhaltenstheoretische Aspekte in der Ermittlung von Unternehmenswerten zu berücksichtigen, aber sie sind beileibe nicht alles, was diese beeinflusst. So ist es das Anliegen dieses Buches zu zeigen, dass eine fundamentalanalytische Bestimmung von Unternehmenswerten jederzeit möglich ist, unabhängig davon, wie jung oder alt das Unternehmen ist, wie profitabel oder unprofitabel, börsennotiert oder nicht, groß oder klein, oder aus welcher Industrie bzw. Branche oder welchem Land es stammt. Weichen Marktpreise von diesen „inneren" Werten ab, kann dieser Zustand nicht von Dauer sein. Nur bei Cashflow-losen Vermögenswerten, etwa bei Ölgemälden, Briefmarken oder auch bei Gold, ist eine fundamentale Bewertung nicht möglich; hier definiert sich der Wert des Objekts allein im Auge des Betrachters, was wie im Fall von Gold trotzdem das Ergebnis rationaler Überlegungen etwa bezüglich eines bevorstehenden Inflationsszenarios sein kann.

Ein weiterer Anspruch, der dem Buch und der Quintessenz-Reihe zugrunde liegt, ist es, hier das Thema Unternehmensbewertung zu destillieren, ohne die praxisnahen Ansprüche eines Investors aus den Augen zu verlieren. Diese Ausrichtung

[1] Erstmals erwähnt in Friedman und Schwartz (1963, S. 810), wonach John Maynard Keynes dies auf der Hauptversammlung eines Investmentfonds gesagt haben soll.

auf das Wesentliche dokumentiert sich nicht zuletzt im Umfang des vorliegenden Bandes. Zudem ermöglicht es Ihnen der modulare Aufbau des Buches, auch einzelne Kapitel oder Bewertungsverfahren auszuwählen, ohne auf das Vorwissen der übrigen Kapitel zurückgreifen zu müssen.

Aus diesem Konzept ergibt sich eine breite Zielgruppe für das Buch: Es richtet sich an professionelle Kapitalmarktteilnehmer – Finanzanalysten und M&A-Berater, Vermögensverwalter und Journalisten – ebenso wie an Privatanleger, die darin das theoretische Grundwissen finden, das sie in der Praxis für eine zeiteffiziente Unternehmensbewertung benötigen, ebenso wie Hinweise auf dessen Vertiefung. Neben der Investorenseite spricht das Buch aber auch Manager von Unternehmen an, im Wesentlichen CEOs, CFOs und Mitarbeiter von Investor-Relations-Abteilungen, aber auch jene, die deren Entscheidungen zu beurteilen haben, also Aufsichtsräte und Miteigentümer.

Die Antwort auf die Frage, welchen Nutzen Sie als Leser aus diesem Buch ziehen können, hängt von Ihren Vorkenntnissen ab:

- Wenn Sie keine Vorkenntnisse haben, sollten Sie das ganze Buch lesen. Es ist vermutlich der schnellste Weg, sich umfassend über die Bewertung von Unternehmen zu informieren – andere Bücher zum Thema umfassen üblicherweise 500 und mehr Seiten.
- Verfügen Sie bereits über ein Grundlagenwissen zur Unternehmensbewertung, empfehle ich Ihnen die Lektüre des Abschnitts „Discounted-Cashflow-Modelle“ in Kap. 2, das die Basis für die intrinsische Unternehmensbewertung bildet, und des Abschnitts „Das KGV“ in Kap. 3, in dem die am weitesten verbreitete Kennzahl in der Unternehmensbewertung und ihre fundamentalen Einflussfaktoren vorgestellt werden.
- Sind Sie dagegen ein Bewertungsexperte, können Sie dieses Büchlein zum abendlichen Schmökern und zur Wiederauffrischung des bekannten Stoffes nutzen; zudem lege ich Ihnen ans Herz, die Praxisbeispiele nachzuvollziehen.

Viel Spaß!

Danksagung

Kein Buch kommt ohne die Beiträge anderer zustande. Dieses Buch ist sicherlich keine Ausnahme, zumal es auf einer breiten Palette von theoretischen Grundlagenarbeiten und praktischen Anwendungen beruht. Insofern geht ein erster Dank an die Autoren der „Zwölf Bücher für die Insel", die im Anhang aufgeführt sind. Ihre Arbeiten stellen das Fundament für dieses Buch und sind ein wesentlicher Faktor für meine eigenen Bewertungsüberlegungen.

Darüber hinaus gilt mein Dank insbesondere Christoph Karl von der Blättchen & Partner AG, der mir mit inhaltlichen Anregungen und eifrigem Korrekturlesen maßgeblich zur Seite gestanden hat, sowie Rene Assion von der BN & Partners Deutschland AG und Christian Obst von der Baader Bank AG, zwei langjährigen Vertrauten und Freunden, für ihre Geduld und kritischen Blicke auf meine Aktienbewertungen, ihre inspirierende und nachhaltige Unterstützung und die fachkundigen Antworten auf komplexe wie triviale Bewertungsfragen. Ein besonderer Dank geht auch an Dr. Jochen Felsenheimer von der XAIA Investment GmbH für anregende Grundsatzdiskussionen auch über bewertungsferne Themenfelder.

Ferner danke ich Michael Bursik von Springer Gabler sowie dem Herausgeber dieser Reihe, Prof. Dr. Nils Bickhoff, die mich bei diesem Projekt mit freundlichen und inspirierenden Ratschlägen unterstützt haben.

Nicht zuletzt möchte ich meiner Familie danken, die unter meiner Arbeit am stärksten zu leiden hatte: in erster Linie meiner Frau Susanne, die jedes einzelne Zeichen in dieser Arbeit kennt und mich stets und mit vielen hilfreichen Anregungen und Diskussionen unterstützt hat – aber auch meinen beiden Buben Vincent und Christopher, deren dauerhafte Vernachlässigung mich zu noch größeren Anstrengungen angeregt hat, das Manuskript zügig fertigzustellen. Ihnen ist dieses Buch gewidmet.

München, im Juni 2013 Peter Thilo Hasler

Inhaltsverzeichnis

Abkürzungsverzeichnis

AB	Anfangsbestand
adj	adjustiert
Amo	Amortisationen
ARPU	Average Return per User (durchschnittlicher Umsatz je Kunde)
ß	Beta
BVPS	Book Value per Share, Buchwert je Aktie
Capex	Capital Expenditures (Sachanlageinvestitionen)
CAP	Competitive Advantage Period
CAPM	Capital-Asset-Pricing-Modell
Cash	Kassenbestand des Unternehmens
CE	Capital Employed (investiertes Kapital)
CFROI	Cashflow Return on Investment
δ	Ausschüttungsquote
Δ	Veränderungsrate
DCF	Discounted Cashflow
Debt	Buchwert des verzinslichen Fremdkapitals
$Debt_0$	Marktwert des verzinslichen Fremdkapitals
Dep	Depreciation (Abschreibungen)
Div_t	Dividende zum Zeitpunkt *t*
ε	Investitions- oder Thesaurierungsquote
E	Erwartungswert
EB	Endbestand
EBIA	Earnings before Interest and Amortization (Ergebnis vor Zinsen und Amortisationen)
EBIT	Earnings before Interest and Taxes (Ergebnis vor Zinsen und Steuern)
EBITDA	Earnings before Interest, Taxes, Depreciation, Amortization (Ergebnis vor Zinsen, Steuern. Abschreibungen und Amortisationen)
EPS_t	Earnings per Share in *t* (Ergebnis je Aktie zum Zeitpunkt *t*)

EK	Buchwert des Eigenkapitals
EK_0	Marktwert des Eigenkapitals
EP	Economic Profit (ökonomischer Gewinn)
EV_0	Marktwert des Enterprise Value
EVCE	Enterprise-Value-/Capital-Employed-Verhältnis
EV/EG	EV/EBITDA-to-EBTIDA Growth
F&E	Forschung und Entwicklung
FCF	Free Cashflow (freier Cashflow)
FCFE	Free Cashflow to Equity
FCFF	Free Cashflow to the Firm
FIFO	First in – first out
g	Wachstumsrate
I_n	Nettoinvestitionen
i	Interest Payments (Zinsaufwand)
IFRS	International Financial Reporting Standards
IRR	Internal Rate of Return (Interne-Zinsfuß-Methode)
kum	kumuliert
K_{Ins}	Insolvenzkosten
KBV	Kurs-Buchwert-Verhältnis
KCF	Kurs-Cashflow-Verhältnis
KFCFE	Kurs-/Free-Cashflow-to-Equity-Verhältnis
KGV	Kurs-Gewinn-Verhältnis
L	Levered (verschuldet)
LIFO	Last in – first out
M&A	Mergers and Acquisitions
MI	Minorities, Ansprüche der Minderheitsgesellschafter
MVFV	Market Value/Firm Value-Ratio (Marktwert-Firmenwert-Verhältnis)
n	Periode
ND	Net Debt (Nettoverschuldung)
NetInc	Net Income (Ergebnis nach Steuern)
NOA	Non-Operating Assets (nicht betrieblich eingesetzte Vermögenswerte)
NOPAT	Net Operating Profit after Tax
NoSh	Number of Shares (Anzahl ausstehender Aktien)
OpLease	Operating Lease (operatives Leasing)
Opex	Operating Expenditures (betriebliche Aufwendungen)
PEG-Ratio	Price-Earnings-to-Earnings-Growth-Ratio
PEGY-Ratio	PEG-Yield-Ratio
PR	Pensionsrückstellungen
r_f	risikoloser Anlagezinssatz

r_{Debt}	Zinssatz des verzinslichen Fremdkapitals
r_{EK}	Geforderte Rendite der Aktionäre bei ausschließlicher Eigenkapitalfinanzierung
r_i	Rendite eines Wertpapiers *i*
r_M	Rendite des Marktportefeuilles
r_p	Risikoprämie
rep	reported (wie berichtet)
R	Reifephase
ROCE	Return on Capital Employed
ROE	Return on Equity (Eigenkapitalrendite)
SAV	Sachanlagevermögen
τ	Grenzsteuersatz auf Unternehmensebene
t	Periode
TV	Terminal Value
U	unlevered (unverschuldet)
V_0	fundamentaler Wert des Eigenkapitals
VV_0	Marktwert der Verlustvorträge
WACC	Weighted Average Costs of Capital (durchschnittliche gewichtete Kapitalkosten)
WC	Working Capital
ω	Insolvenzwahrscheinlichkeit
YoY	Year-on-Year (prozentuale Veränderung im Jahresvergleich)

Abbildungsverzeichnis

1 Unbequeme Wahrheiten

Markets can remain irrational a lot longer than you and I can remain solvent.
John Maynard Keynes (1883–1946), britischer Ökonom

Würden Außerirdische auf unserem Planeten landen und die Funktionsweise der irdischen Kapitalmärkte sowie die zugrunde liegenden Anlagestrategien untersuchen, würden sie zu Recht die Intelligenz der Erdbewohner infrage stellen. Lebensversicherungsfonds, die extrem langfristige Anlageziele verfolgen, beschäftigen Fondsmanager, die zwar lang laufende Wertpapiere erwerben, diese aber mit enormer Leidenschaft auf einer sehr kurzfristigen Basis und in hoher Frequenz kaufen und verkaufen. Privatanleger studieren Etikette und Preise einer guten Flasche Rotwein intensiver als die Fundamentaldaten der Aktien, für die sie ohne zu zögern den tausendfachen Betrag ausgeben – basierend auf dem Rat eines Freundes oder der „exklusiven" Empfehlung des Journalisten eines Börsenmagazins, den sie vielleicht nie persönlich getroffen haben.

In einer Branche, die darauf gedrillt ist, zu Tiefstkursen ein- und zu Höchstkursen auszusteigen, werden Milliarden, ja Billionen von Euro in Wertpapiere investiert, ohne dass die Anleger auch nur einen blassen Schimmer von den ökonomischen Kennzahlen der Unternehmen haben und von den Möglichkeiten, diesen Daten einen fundamentalanalytischen Wert zuzuordnen. In der Hoffnung auf den kurzfristigen Erfolg werden Strategien entwickelt, die zu erraten versuchen, wie andere Marktteilnehmer in einer bestimmten Situation handeln könnten. Sich schneller als andere zu positionieren, ist zentrales Element solcher Anlagestrategien. Die Geschwindigkeit einer Einschätzung erscheint wichtiger als die Fehlerfreiheit der Urteilsfindung. Eher am Rande sei erwähnt, dass die meisten Anleger die Performance einer Aktie oder einer unternehmerischen Beteiligung ausschließlich an der

P. T. Hasler, *Quintessenz der Unternehmensbewertung*, Quintessenz-Reihe,
DOI 10.1007/978-3-642-36478-5_1, © Springer-Verlag Berlin Heidelberg 2013

Kursentwicklung festmachen; eine Beurteilung der Risiken, die mit einer Anlage verbunden sind, unterbleibt meist völlig.

Die Bigger-Fool-Theorie: ein großes Missverständnis Derartige Verhaltensmuster führen in regelmäßigen Abständen zu massiven Über- oder Unterbewertungen ganzer Aktienmärkte. Denn letzten Endes schwanken die Kurse von Wertpapieren nur aus zwei Gründen nach oben oder nach unten:

- um die ökonomische Realität des Unternehmens wiederzugeben – oder zumindest das, was der Kapitalmarkt für die ökonomische Realität hält –, oder
- um kurzfristige Veränderungen von Angebot und Nachfrage widerzuspiegeln.

Bringt Apple ein neues iPhone auf den Markt, BMW einen neuen Dreier oder Microsoft eine aktuelle Version seines Betriebssystems, kann sich dies erheblich auf den Umsatz und die Ertragslage des jeweiligen Konzerns und seine fundamentalanalytische Bewertung auswirken. Verdoppelt oder verdreifacht sich dagegen der Aktienkurs eines Biotechnologieunternehmens, ohne dass dies von positiven Pressemeldungen begleitet war, kann dies entweder auf das (strafbewehrte) *Front Running* von Insidern zurückzuführen sein oder schlicht darauf, dass die Investoren jetzt bereit waren, für ein und dasselbe Wertpapier einen höheren Preis zu bezahlen als in den Wochen zuvor. Letzteres dürfte häufiger der Fall sein. Investoren, die sich so verhalten, erwerben Aktien, weil sie günstig „aussehen" und weil sie glauben, der Wert eines Unternehmens sei irrelevant, solange sie nur einen Käufer für ihre Aktie finden, der mehr bezahlt als sie selbst.

Durch diese „Bigger-Fool-Theorie" mögen in Einzelfällen durchaus Wertentwicklungen richtig vorhergesagt werden; insbesondere in Zeiten, in denen das Sentiment gegenüber der Anlageklasse Aktie gut und die Bewertungsrelationen attraktiv sind. Doch erinnert die zugrunde liegende Anlagestrategie an die „Reise nach Jerusalem" – nur dass dabei nicht derjenige verliert, der nach Ende der Musik keinen freien Stuhl vorfindet, sondern derjenige, der zum falschen Zeitpunkt noch Aktien im Depot hält. Von Carl Icahn, einem der eher skrupellosen Wall-Street-Investoren, stammt diesbezüglich ein passendes Zitat: „*When most investors, including the pros, all agree on something, they're usually wrong*" (zit. nach Cole 2011, S. 89).

Tierische Kräfte der Unternehmensbewertung Selbst wenn Wertpapierkurse auf kurze Sicht von Angebot und Nachfrage getrieben sein mögen, werden sich übertriebene Kursbewegungen langfristig immer nivellieren. Nichtsdestotrotz mögen Außenstehende während dieser extremen Marktphasen den Eindruck gewinnen, Wertpapiere würden sich vollkommen irrational verhalten und keinerlei ökonomischen Gesetzmäßigkeiten entsprechen. Die daraus abgeleitete Schlussfolgerung, die Bewertung von Unternehmen könne nicht besonders hilfreich sein, wenn sich beobachtbare Markt- oder Transaktionswerte auch über einen längeren Zeitraum von ihren inneren Werten fortbewegen können, übersieht, dass Unternehmensbewertung immer etwas mit den Meinungen und Erwartungen des Einzelnen zu tun hat. Allein die Erwartungen über die zukünftige Entwicklung bestimmen den Wert, den Investoren heute einem Unternehmen zubilligen – nicht die Zukunft selbst.

Somit ist der Wert eines Unternehmens in einem gewissen Maße auch vom Betrachter abhängig. Hat der Erwerber eines bestimmten Rohstoffs noch recht präzise Vorstellungen, welchen Nutzen er aus dem Gebrauch dieses Rohstoffs ziehen wird, etwa weil er diesen einer bestimmten Funktion im Produktionsprozess zuführt, ist der Nutzen, der sich aus einer Unternehmensbeteiligung ergibt, zunächst eher unklar. Ein global tätiger Technologiekonzern erwirbt einen kleinen nationalen Wettbewerber mit dem Ziel, dessen Markennamen zu nutzen und Zugang zu dessen Kunden zu erlangen. Der Maschinenpark, die Grundstücke oder die Bürogebäude werden nicht in seine Wertfindung eingehen, da der Erwerber unter Umständen über weitaus modernere Anlagen an einem anderen Standort verfügt. Der Wert, der dem nationalen Unternehmen zugestanden wird, hängt hier in weit größerem Maß davon ab, welche Skaleneffekte sich erzielen lassen, welche Synergieeffekte möglich sind und wie die Erwartungen über die zukünftigen Werttreiber in der Branche aussehen.

Zusätzlich erschwert wird der Prozess dadurch, dass Erwartungen sich nicht nur auf Prognosen im engeren Sinne beziehen, sondern auch von emotionalen Schwankungen abhängen, von Herdenverhalten, spieltheoretischen Konzepten und selbst von der sozialen Prägung des Bewerters und seinen persönlichen Vorlieben: Ein erfahrener Investor, der früh eine Familie gegründet und womöglich sein Leben lang sparsam gelebt hat, wird einen Hersteller von modischen Luxusgütern anders bewerten als ein gut verdienender, alleinstehender Single. Was für den einen noch ein akzeptabler Unternehmenswert ist, mag für einen anderen maßlos überteuert sein.

Neben der individuellen Herkunft und sozialen Prägung des Bewerters sind in der Unternehmensbewertung weitere psychologische Hürden zu überwinden, zum Beispiel die als „confirmation bias" beschriebene Neigung des Menschen, aus dem ihm zur Verfügung stehenden Datenmaterial jene Informationen herauszufiltern, die mit einer voreingenommenen Meinung übereinstimmen; oder die „assimilation bias", wonach Menschen unter bestimmten Umständen dazu tendieren, alle neuen Informationen in das eigene Überzeugungsmuster einzusortieren. Oft aber sind Menschen schlichtweg zu konservativ im eigentlichen Wortsinn, um sich auf Veränderungen der Informationslage einzustellen („conservatism bias"). Und schließlich kann die kritische Distanz zum Unternehmen verloren gehen, wenn sich der Bewerter mit dem zu bewertenden Management „verbrüdert" (Stockholm-Syndrom). Es wird deutlich, dass persönliche Befindlichkeiten einen größeren Einfluss auf die Unternehmensbewertung haben, als dies von Theoretikern wahrgenommen und erforscht wird.

Obwohl tierische Kräfte – Keynes (1936, S. 161 f.) sprach von „animal spirits" – wie diese bei der Ermittlung von Unternehmenswerten beträchtlichen Einfluss ausüben können, bilden finanzmathematische Modelle sie nicht oder nur unzureichend ab. Besonders problematisch werden subjektive Elemente für die Unternehmensbewertung, wenn eine vorab festgelegte Meinung durch eine vermeintlich neutrale Analyse untermauert wird. Ein Aktionär wird Unternehmensmeldungen tendenziell positiver interpretieren als jemand, der nicht an der Gesellschaft beteiligt ist. Das ist nicht zuletzt der Grund dafür, dass die Finanzanalysten der meisten Investmentbanken keine privaten Aktiengeschäfte in den Unternehmen tätigen dürfen, die sie analysieren.

Was Investoren von Spekulanten unterscheidet Von Mark Twain (1899, S. 235) stammt die Sottise, dass es im Leben eines Menschen zwei Gelegenheiten gebe, zu denen er nicht spekulieren sollte: einmal, wenn er es sich nicht leisten könne, und einmal, wenn er es könne. Daher ist es für die Bewertung von Unternehmen unumgänglich, den Unterschied zwischen Investieren und Spekulieren zu verinnerlichen.

Spekulanten kaufen und verkaufen Aktien, weil sie glauben, bestimmte Kursentwicklungen vorhersagen zu können. Ihre Kauf- und Verkaufsentscheidungen basieren auf einer Vorhersage der Kauf- und Verkaufsentscheidungen anderer. Mit großem Enthusiasmus kaufen Spekulanten Aktien, wenn sie steigen, und verkaufen sie, wenn sie fallen. Spekulanten sind nachgerade besessen von tagesaktuellen Informationen, sie lesen Blogs und sehen Vlogs, schalten die Wirtschaftsnachrichten im Fernsehen ein, abonnieren Newsletter von mehr oder weniger seriösen Herausgebern, vertrauen auf Bewertungsmethoden, die sie nicht immer verstehen, und suchen nach Ausreden, wenn der Wert des Depots sich nicht entwickelt wie erwartet.

> *If you're an investor, you're looking on what the asset is going to do, if you're a speculator, you're commonly focusing on what the price of the object is going to do, and that's not our game.*
> Warren Buffett, Annual Shareholder Meeting 1997

Investoren kaufen Anteile an Unternehmen. Sie sind davon überzeugt, dass Wertpapiere auf lange Sicht die fundamentalen Entwicklungen innerhalb der Unternehmen widerspiegeln. Sie kaufen Aktien, weil sie von steigenden Cashflows profitieren wollen oder von höheren Bewertungsmultiplikatoren der Peergroup. Investoren gehen vergleichsweise sachlich und selbstbewusst an den Anlageprozess heran, sie haben ein Urvertrauen in ihre Bewertungsfähigkeiten und analysieren Veränderungen ihres Umfeldes mit kühlem Kopf. Panik, Gier und Furcht, die klassischen „animal spirits", sind ihnen fremd.

So wie Spekulanten gierig sind und die Gewinne maximieren wollen, sind Investoren geduldig und versuchen, zunächst das Verlustrisiko einzugrenzen. Allerdings ist die Aufteilung der Menschheit in Investoren und Spekulanten nicht so kategorisch, wie unsere Definition dies unterstellt hat. Meistens sind wir mal das eine und mal das andere. Manchmal neigen wir mehr zum Spekulanten-, manchmal mehr zum Investorendasein. Wie wir sehen werden, haben Investoren eine realistische Chance, langfristig Gewinne zu erzielen, Spekulanten jedoch nicht. Dies ist keine neue Erkenntnis. Schon Ben Graham, der Urvater des Value Investing, meinte einst: „*The individual investor should act consistently as an investor and not as a speculator*" (Graham 2010, S. 267).

Von spekulativen und „investiven" Unternehmen Ebenso wie man zwischen Investoren und Spekulanten unterscheiden kann, weisen auch Unternehmen Eigenschaften auf, die sie als „spekulativ" bzw. „investiv" charakterisieren[1]. Der entscheidende Unterschied besteht darin, dass investive Unternehmen Cashflows erwirtschaften, die bewertet werden können, während spekulative Unternehmen dies nicht tun. Der Erfolg einer spekulativen Beteiligung hängt allein davon ab, ob es gelingt, einen willigen Käufer zu finden, der mehr zu zahlen bereit ist als der vorherige Käufer – womit sich der Kreis zur Bigger-Fool-Theorie schließt. Diese Regel gilt im Übrigen nicht nur für Unternehmensbeteiligungen, Aktien oder Anleihen, sondern auch für Oldtimer oder Werke von Picasso, für Panini-Bilder ebenso wie für Figuren aus Überraschungseiern. Ein Weinberg, ein bestellter Acker oder eine Spritzgießmaschine sind dagegen investive Anlagen, weil sie früher oder später Erträge in Form von Wein, Getreide oder Kunststoffflaschen abwerfen. Spekulative Anlagen generieren demgegenüber naturgemäß keine Cashflows; die einzigen Mittelzuflüsse, die sie für ihren Besitzer abwerfen, entstehen bei ihrem Verkauf.

Während Cashflows per se werthaltig sind und damit den Wert einer investiven Anlage festlegen, hängt der Preis einer spekulativen Anlage ausschließlich von Angebot und Nachfrage ab. Von der Tulpenmanie des 17. Jahrhunderts, der ersten dokumentierten Spekulationsblase der Wirtschaftsgeschichte, bis zur Dotcom-Blase zu Beginn dieses Jahrtausends gibt es zahlreiche Beispiele, in denen Preise allein vom Zeitgeschmack abhingen und von den Überzeugungen der Käufer, beim Verkauf des Objekts einen Gewinn zu erzielen.

[1] Es ist durchaus bemerkenswert, dass das Adjektiv „investiv" in einer dem angelsächsischen Wortsinn angelehnten Bedeutung in der deutschen Sprache nicht vorkommt.

Trotz dieser Unterscheidung sind es gerade spekulative Blasen, die regelmäßig gegen die fundamentalanalytische Bewertung „investiver" Unternehmen vorgebracht werden. Dann wird gerne behauptet, dass in Aktienkursen zu jedem beliebigen Zeitpunkt sämtliche existierenden Informationen – öffentlich verfügbare, aber auch Insiderinformationen – vollumfänglich wiedergegeben seien, dass die Kräfte des Marktes stark genug seien, dass sich Aktienkurse nicht zu weit von ihrem inneren Wert entfernen könnten, dass kein Unternehmen mehr über- oder unterbewertet sein könne und es mithin zwecklos wäre, Arbeit in die Beschaffung weiterer Informationen zu investieren. Könnte kein Investor mehr Überrenditen erzielen, wäre eine auf Fundamentaldaten basierende Unternehmensbewertung sinnlos und ein letztlich kostspieliges Hobby der Investoren. Meist haben Investoren in diesem Zusammenhang sinnbildlich gegen Dartpfeile werfende Schimpansen anzutreten, bei denen die Primaten auch noch eine bessere Rendite erzielen als ihre menschlichen Wettbewerber. So polemisch dieser Vergleich sein mag: In den 1970er-Jahren haben nicht wenige Fondsmanager die Bewertung von Unternehmen komplett verworfen.

Nicht nur Anhänger der Effizienzhypothese stellen sich im Zeitalter der allgemein verfügbaren Informationen die Frage, welche Unternehmen denn überhaupt signifikant unterbewertet sein können. Große Unternehmen mit breiter Research-Coverage, sogenannte Large Caps, sicherlich nur in Ausnahmefällen, ungleich häufiger dagegen Small Caps und Micro-Caps, die bezüglich Marktkapitalisierung und Börsenumsatz kleinen und kleinsten Gesellschaften, die an den Kapitalmärkten eher unbeachtet sind. Bei ihnen kann die Gültigkeit der Effizienzhypothese häufig noch nicht einmal in ihren Grundzügen festgestellt werden, woraus sich hohe Entwicklungspotenziale ergeben können.

Mehr Kunst als Wissenschaft – oder: Garbage in, garbage out Die vermeintliche Sicherheit, einen Computer, der über eine schier unendliche Verarbeitungskapazität verfügt, mit Daten zu füttern und in Sekundenbruchteilen das Ergebnis einer DCF- oder IRR-Berechnung vor sich zu haben, kann Investoren zu der Annahme verleiten, Unternehmensbewertung ermittle eine wissenschaftlich fundierte Größe, die wie in physikalischen oder chemischen Experimenten beliebig häufig mit demselben Ausgang reproduzierbar ist.[2]

Manche Finanzanalysten bestehen denn auch darauf, einem Unternehmen einen exakten Wert zuzuordnen, indem sie Kursziele von Aktien auf die zweite

[2] „*There is no gold standard when it comes to valuation*", meinen denn auch Frei und Leleux (2004, S. 1049), was nicht heißen soll, dass Unternehmensbewertung keine Wissenschaft ist, denn auch in der Ökonomie zieht jede Aktion eine entsprechende Reaktion nach sich.

Nachkommastelle ausweisen. Die Sinnlosigkeit dieses vermeintlich wissenschaftlichen Anspruchs offenbart sich spätestens dann, wenn man sich vergegenwärtigt, dass viele der Inputfaktoren, die in eine Unternehmensbewertung eingehen – darunter Gewinne, das Eigenkapital und selbst Cashflows –, von Ermessensentscheidungen des Managements abhängen.

Der Bewertungsprozess an sich Wie gehen wir nun genau vor, wenn wir Unternehmen bewerten? Zunächst ist die Frage zu klären, welcher Wert bei einer Unternehmensbewertung eigentlich ermittelt werden soll. Denn von dem fundamentalanalytischen „inneren" Unternehmenswert, der sich aus dem diskontierten Barwert aller zukünftigen Einnahme- und Ausgabenströme errechnet, losgelöst sind

- der Buchwert der Gesellschaft, eine handelsrechtliche Residualgröße, die von der Höhe des Eigenkapitals bestimmt wird;
- der Liquidationswert des Unternehmens, auch *Breakup Value* genannt, der nach der Zerschlagung eines Unternehmens und der Einzelveräußerung aller Vermögensgegenstände übrig bleibt und in den immaterielle Vermögenswerte nicht eingehen;
- der Wert, der als Kursziel eines technischen Chartanalysten aus der Interpretation von Verlaufsmustern historischer Aktienkurse ermittelt worden ist;
- der strategische Übernahmepreis, den ein Wettbewerber für ein Unternehmen zu zahlen bereit ist, in den nicht zuletzt die Hebung von Synergieeffekten einfließt;
- der aktuelle Marktpreis des Unternehmens, etwa in Form des Aktienkurses, der sich im Schnittpunkt von Angebot und Nachfrage bildet und immer dann zustande kommt, wenn sich zwei Parteien – Käufer und Verkäufer – auf bestimmte Konditionen über einen Eigentümerwechsel einigen können;
- der in Analystenberichten zuweilen kolportierte „faire Wert" eines Unternehmens, eine Begrifflichkeit, die eine normative Kraft in sich trägt und ohne jede objektive Bedeutung ist.

Haben wir uns für die Ermittlung des fundamentalen Wertes entschieden, besteht der Bewertungsprozess aus fünf Schritten.

Beginnen wir mit Schritt 1, dem Verständnis des Geschäftsmodells, stellen wir schnell fest, dass nicht nur in Branchen wie der Bio- oder Nanotechnologie Kenntnisse vonnöten sind, die man sich kaum ohne ein spezifisches Studium aneignen kann, sondern auch in vermeintlich einfachen Geschäftsmodellen wie dem textilen Einzelhandel. In der Praxis spezialisieren sich Bewerter daher auf bestimmte Branchen, um die sektorspezifischen Markttreiber, die ökonomischen und finanziellen Marktcharakteristika, Wettbewerbsstrukturen und -intensitäten besser einschätzen zu können. Natürlich kann man sich mit der Analyse eines Unternehmens und seines wettbewerblichen Umfelds monatelang beschäftigen; dem Bewerter sollte jedoch bewusst sein, dass auch in der Informationsbeschaffung die Pareto-Regel gilt: 80 % der Informationen werden in 20 % der Zeitspanne gewonnen, die sich der Bewerter für die Informationsbeschaffung gesetzt hat.

Der zweite Schritt der Unternehmensbewertung umfasst die Analyse und Prognose der unternehmensspezifischen Kennzahlen. Wir beginnen mit der Analyse der Vergangenheitsdaten. Diese umfasst mindestens drei, im Idealfall jedoch bis zu zehn Jahresabschlüsse, da sich erst dann die Auswirkungen eines ganzen Konjunkturzyklus einschätzen lassen. Dadurch erhalten wir einen tiefgehenden Einblick in die Konjunkturabhängigkeit des Geschäftsmodells, in die Erfordernisse, Investitionen zu tätigen, in die Ertrags- und Liquiditätsentwicklung. Damit die Daten vergleichbar sind, müssen sie um außerordentliche, nicht wiederkehrende Aufwendungen oder Erträge, sofern sie wesentlich sind, bereinigt werden. Dazu zählen wir unter anderem Erträge aus dem Erwerb von Unternehmen, Buchgewinne aus dem Verkauf von Unternehmen und Unternehmensbeteiligungen oder Restrukturierungsaufwendungen, beispielsweise aus dem Abbau von Arbeitsplätzen oder der Schließung von Betriebsstandorten. Ziel muss es sein, die Ertragslage eines Unternehmens im Zeitablauf möglichst unverfälscht darzustellen.

▶ Doch Vorsicht: Es gibt nicht wenige Unternehmen, die jahrein, jahraus ihre Ziele verfehlen und dies mit Einmaleffekten rechtfertigen. Mal sind es unerwartete Währungsverluste, mal ist es ein insolventer Großkunde, mal gilt es einen verlustträchtigen Unternehmensbereich zu restrukturieren. Die Gründe für diese Fehlentwicklungen können vielfältig sein. Sofern es sich nicht um eine Pechsträhne handelt, ist es meist der Versuch des Managements, betriebliche Ereignisse in die Sphäre des Außerordentlichen zu verorten.

Der dritte Schritt der Unternehmensbewertung ist die Wahl des geeigneten Verfahrens. Nicht jedes Bewertungsverfahren eignet sich für jedes Unternehmen gleichermaßen. Grundsätzlich sind kapitalmarkttheoretische Konzepte wie Dividenden- und Cashflow-Diskontierungsmodelle (DCF) ebenso wie Wertschöpfungsmodelle mit ihrer risikoadjustierten Diskontierung zukünftiger Zahlungsströme zu bevorzugen, da sie einen Unternehmenswert ermitteln, der von der subjektiven Risikopräferenz des Investors unabhängig ist. Auf der anderen Seite sind die durch diese inneren Modelle ermittelten Werte trotz aller theoretischen Vorzüge nur wenig intuitiv: Ökonomisch komplexe, mehrperiodische Prozesse in Modellen abzubilden, kann selbst Experten überfordern. Darüber hinaus ist die Prognose und Diskontierung langfristiger Cashflows eine anspruchsvolle und zeitaufwendige Aufgabe, die durch Sensitivitätsanalysen noch vervielfacht werden kann – ganz abgesehen davon, dass im DCF-Modell aufgrund des Terminal-Value-Konzepts immer dann, wenn von einem Going Concern, also einer unbegrenzten Lebensdauer des Unternehmens, nicht unbedingt ausgegangen werden kann, die Gefahr einer Überbewertung ausgebildet wird: Befindet sich das Unternehmen erst am Beginn seiner Wachstumsphase oder ist es in einer überdurchschnittlich wettbewerbsintensiven Branche tätig, kann die Annahme, dass es bis in alle Ewigkeit existieren wird, zu einem fehlerhaften Ergebnis führen. Geht das Unternehmen unter, nehmen – vom technischen Standpunkt der Unternehmensbewertung aus gesehen – alle Liquiditätsströme, die danach anfallen, den Wert null an. Einem Unternehmen, bei dem ein hoher Anteil des Unternehmenswertes aus dem Terminal Value, gewissermaßen dem Äquivalent zum Rückzahlungsbetrag einer Anleihe, generiert wird, beispielsweise einem Technologieunternehmen in der Frühphase des Lebenszyklus, wird dann ein zu hoher Wert zugestanden.

Einfacher zu handhaben und zugleich intuitiv verständlich sind Peergroup Modelle – ist doch der von anderen Unternehmen abgeleitete Multiplikator nichts anderes als der vergleichbare Preis, den ein Investor bezahlen müsste, um eine Bewertungseinheit des betrachteten Unternehmens zu erwerben. Derartige Multiplikatoren gibt es zur Genüge. Sie reichen vom grundlegenden Kurs-Buchwert- und Kurs-Gewinn-Verhältnis über das Kurs-Cashflow-Verhältnis und die PEG-Ratio bis hin zu Enterprise-Value-basierten Kennzahlen wie EV/Umsatz oder EV/EBIT(DA). Auch nicht-finanzielle Größen wie das EV/Abonnent-Verhältnis können notfalls angewendet werden, solange sichergestellt ist, dass zwischen dem Unternehmenswert und dem verwendeten Parameter ein kausaler Zusammenhang existiert.

Der vierte Schritt beschreibt den technischen Vorgang der Unternehmensbewertung, wie er in den folgenden Kapiteln ausführlich beschrieben wird, während sich der fünfte Schritt mit der Ableitung einer Handlungsempfehlung für den Investor beschäftigt. Bei börsennotierten Gesellschaften bedeutet dies, ein Kursziel für eine Aktie zu berechnen und darauf aufbauend ein Anlageurteil festzulegen, das dieses Kursziel ins Verhältnis zum aktuellen Aktienkurs setzt. Üblich sind absolute Ratings, also „Kaufen", „Halten" und „Verkaufen", ebenso wie relative, die die erwartete Performance einer Aktie im Verhältnis zu einer Benchmark bemessen, beispielsweise dem DAX, dem SDAX oder dem EURO STOXX. Typische Ausprägungen für relative Anlageurteile sind „überdurchschnittlich", „neutral" oder „unterdurchschnittlich" sowie ihre englischen Pendants „outperform", „marketperform" oder „underperform".

Relative Anlageurteile werden insbesondere von institutionellen Anlegern, z. B. Fondsmanagern, bevorzugt. Für den Privatanleger kann es dann zu der erklärungsbedürftigen Situation kommen, dass mit dem Anlageurteil „underperform" die Erwartung steigender Kurse verbunden ist, solange sich das dergestalt eingestufte Unternehmen prozentual nur weniger positiv entwickelt als die zugrunde liegende Benchmark. Spiegelbildlich wird sich ein Finanzanalyst mit seinem Outperform-Rating bestätigt fühlen, wenn die beobachtete Aktie zwar fällt, dies aber in geringerem Ausmaß als der Referenzindex.

Grenzen der Unternehmensbewertung Ein unterbewertetes Unternehmen, das dauerhaft unterbewertet bleibt, ohne im Wert zu steigen, kann keine attraktive Anlage sein. Die Fehlbewertung eines Unternehmens ist nur die notwendige Bedingung, in dieses zu investieren. Das hinreichende Investitionskriterium ist ein Katalysator, der diese Unterbewertung auflöst. Katalysatoren können Produktinnovationen sein, prominente Verträge, die abgeschlossen oder verlängert werden, oder ein Restrukturierungsprogramm, um die Kostenbasis zu senken. Auch ein renommierter Fondsmanager, der im Fernsehen behauptet, eine Aktie sei unterbewertet, und dies beispielsweise durch die Beimischung der Aktie in sein Depot oder durch die Aufnahme der Research Coverage dokumentiert, kann eine solche Katalysatorwirkung entfachen.

Wird ein erfahrener Investor mit einem auf den ersten Blick deutlich unterbewerteten Unternehmen konfrontiert, sollte sein Primärinteresse darin liegen herauszufinden, warum das so ist. Genauso wie er, würde ihm ein Ölgemälde von Picasso für einen Bruchteil des erwarteten Auktionspreises angeboten werden, mit einem vorsichtigen „Wo ist der Haken?" reagieren sollte und nicht mit einem erregten „Was für ein Schnäppchen!". Nur wenn man die Ursache für eine Unterbewertung ausmachen kann, lässt sich auch eine Wertentwicklung vorhersagen.

Noch ein zweites Element für die kurzfristige Entwicklung eines Unternehmenswertes sollte nicht unterschlagen werden: die Erwartungen der Kapitalmarktteilnehmer. Waren diese, etwa aufgrund einer ambitionierten Zielvorgabe des Managements, hochgesteckt, wird selbst eine nur geringfügige Verfehlung mit einem unmittelbaren Kurseinbruch bestraft werden, auch wenn das Unternehmen in der Berichtsperiode den Cashflow steigern, wertschöpfende Investitionen tätigen und die durchschnittlichen Kapitalkosten senken konnte. Deutliche Abstrafungen des Aktienkurses vollziehen sich in der Regel zu Unrecht, zeigen doch die meisten verfügbaren Studien, dass eine Verfehlung von Quartalszahlen zwar signifikante Auswirkungen auf die Kursentwicklung haben kann, die langfristig gültigen, fundamentalen Performancetreiber jedoch ungleich bedeutender sind. Allein, die Funktionsweise interner Controllingsysteme dürfte infrage gestellt bleiben, wenn ein Management nur wenige Wochen vor Veröffentlichung der Quartalszahlen eine Ergebnisgröße in den Raum stellt, deren Verfehlung es nur kurze Zeit später verkünden muss.

Gleichwohl wird es sich lohnen, an den gelernten Methoden auch in diesen – für eine auf Fundamentaldaten basierende Unternehmensbewertung schwierigen – Zeiten festzuhalten. Wer das Wall-Street-Motto „*Market sells first and asks questions later*" (Edmans 2007, S. 3) kennt, weiß, dass fundamentale Bewertungsfaktoren immer nur für eine Weile außer Gefecht gesetzt werden können. Genau darin liegt die Chance des ausgebildeten Unternehmensbewerters.

Bewertungsverfahren

2

The person that is buying a share of stock is convinced he knows something that the other person who's selling it to him does not know. There's no zero sum game in Wall Street.
Bernard Madoff (*1938), US-amerikanischer Milliardenbetrüger

2.1 Grundlagen

Alle Verfahren zur Bestimmung von Unternehmenswerten können auf zwei Grundtypen reduziert werden:

- fundamentalanalytische *Bewertungs*verfahren, die den inneren oder intrinsisch-absoluten Wert eines Unternehmens oder einer Aktie anhand der Diskontierung zukünftiger Kapitalströme bestimmen, und
- marktwertbasierte *Bepreisungs*verfahren, die den Wert eines Vermögensgegenstandes in Relation zu anderen, vergleichbaren Vermögensgegenständen festlegen.

Die Entscheidung für eine der beiden Grundkonzeptionen hat weitreichende Konsequenzen – auch ungeahnte: Entscheiden wir uns für ein Bepreisungsverfahren, folgt daraus die Annahme, dass die am Kapitalmarkt zu beobachtenden Bewertungskennzahlen im Durchschnitt richtig sind, selbst wenn das einzelne der analysierten Unternehmen zeitweilig fehlerhaft bewertet sein mag. In konjunkturellen Boomphasen werden stark überbewertete Unternehmen mit weniger stark überbewerteten Unternehmen verglichen – und zum Kauf empfohlen, was dazu führt,

P. T. Hasler, *Quintessenz der Unternehmensbewertung*, Quintessenz-Reihe,
DOI 10.1007/978-3-642-36478-5_2, © Springer-Verlag Berlin Heidelberg 2013

dass die Bewertungsblase sich weiter aufbläht[1]. Entscheiden wir uns dagegen für ein intrinsisches Bewertungsverfahren, nehmen wir die Position eines allwissenden Investors ein, der sämtliche zukünftigen Ertrags- und Cashflow-Ströme korrekt vorhersagen kann und diese auch noch mit dem richtigen Zinssatz diskontiert. Und immer müssen wir uns bewusst sein, dass Modelle Abbildungen der Wirklichkeit sind. Modelle basieren auf Annahmen. Entweder sind diese stark vereinfachend angelegt und modellieren eine eher langfristige Perspektive, oder sie erfassen die nähere Situation; entweder erfordern sie langfristige Fundamentaldaten und die aktuelle Situation ist nicht von Bedeutung, oder sie stellen die kurzfristige und realitätsnahe Analyse in den Vordergrund.

Die Rendite des Investors Im Gegensatz zu einer Anleihe wird eine Unternehmensbeteiligung nicht zurückbezahlt. Die Liquidität, die durch den Erwerb eines Anteilsscheins hingegeben wurde, kann der Investor nur durch dessen Verkauf zurückgewinnen. Welcher Verkaufserlös sich erzielen lässt, ist nicht nur bei börsennotierten Gesellschaften überaus unsicher. Als Ausgleich für diese Unsicherheit erhält der Erwerber zwei Kompensationsleistungen: ein anteiliges Mitspracherecht auf der Haupt- oder Gesellschafterversammlung und eine Beteiligung am Unternehmenserfolg, die Dividende. Damit erscheint es naheliegend, Unternehmen anhand der bewertungsrelevanten Überschüsse zu bewerten, die den Kapitalgebern zufließen (Abb. 2.1).

2.2 Dividendendiskontierungsmodelle

Learn to use ten minutes intelligently. It will pay you huge dividends.
William A. Irwin (1884–1967), US-Professor

Unterstellen wir eine unbegrenzte Lebensdauer des Unternehmens (Going-Concern-Prinzip), entspricht der Wert eines Unternehmens V_0 in einem perfekten Kapitalmarkt voller rational handelnder Individuen dem Barwert aller zukünftig vom Investor zu vereinnahmenden Gewinnbeteiligungen Div:

$$V_0 = \sum_{t=1}^{\infty} \frac{\text{Div}_t}{(1 + r_{\text{EK},t})^t} + \text{NOA}_0$$

[1] Alan Greenspan vernichtete in diesem Zusammenhang mit dem Satz „*But how do we know when irrational exuberance has unduly escalated asset values …?*" binnen 24 Stunden weltweit Börsenwerte von mehr als 300 Mrd. $ (Greenspan 1996).

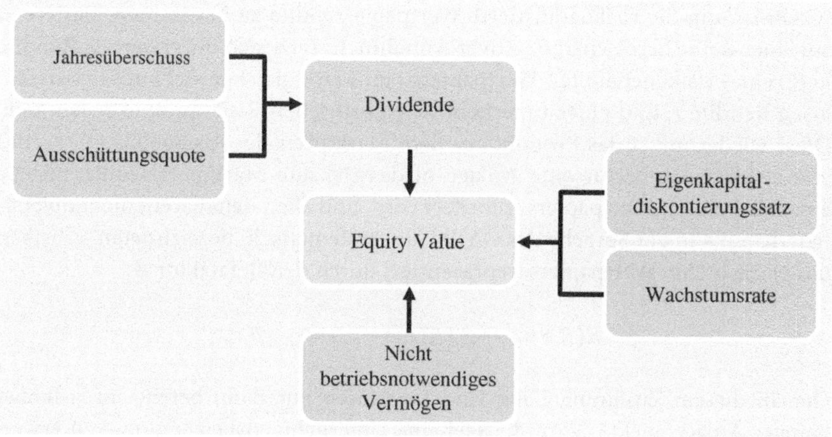

Abb. 2.1 Berechnung des Equity Value

Lassen wir die nicht betriebsnotwendigen Vermögensgegenstände NOA_0 (zum Beispiel brach liegende Grundstücke oder Kunstgegenstände, sofern diese nicht bereits in der betrieblichen Wertschöpfung eingesetzt wurden) vorerst unberücksichtigt, hängt der Unternehmenswert nur von zwei Inputfaktoren ab: den zukünftig zu vereinnahmenden Gewinnbeteiligungen Div und dem risikoadjustierten Diskontierungsfaktor r_{EK}. Der zu erwartende Verkaufserlös der Unternehmensbeteiligung spielt überraschenderweise keine Rolle mehr.

Die Verzinsung des Eigenkapitals Wie können wir diese beiden Inputfaktoren sinnvollerweise bestimmen? Beginnen wir mit dem unternehmensspezifischen Risiko r_{EK}. Soll ein Investor sein Kapital in ein Unternehmen investieren, müssen die Erträge dieser Investition mit allen potenziellen Anlagealternativen verglichen werden, sofern sie mit einem vergleichbaren Risiko behaftetet sind. Die bestmögliche Alternative bestimmt dann die Eigenkapitalverzinsung. Die Höhe dieser nach dem Opportunitätskostenprinzip vom Investor geforderten Eigenkapitalverzinsung hängt damit nicht mehr von den subjektiven Befindlichkeiten des Anlegers ab, sondern allein von den spezifischen Charakteristika des Anlageobjekts. Theoretisch sollte sie gerade so hoch bemessen sein, dass sie den Investor veranlasst, weitere Anteile des Unternehmens zu erwerben.

Um auf aufwendige Befragungen der Investoren zu verzichten, verwendet man in der Praxis das kapitalmarktorientierte Capital-Asset-Pricing-Modell

(CAPM)[2], um die risikoadjustierte Wertpapierrendite zu bestimmen. Basierend auf einer Reihe heroisch-restriktiver Annahmen[3] setzt sich die erwartete Rendite $E(R_i)$ eines risikobehafteten Wertpapiers i im Marktgleichgewicht aus der risikolosen Rendite r_f und einer unternehmensspezifischen Risikoprämie zusammen. Diese wiederum ist das Produkt aus dem Marktpreis des Risikos $E(r_M) - r_f$, das von einem Investor für eine Anlage in das riskante Marktportefeuille anstelle eines risikolosen Wertpapiers gefordert wird, und allen denkbaren, nicht diversifizierbaren – in der Sprache des CAPM als „systematisch" bezeichneten – Risiken des betrachteten Wertpapiers, repräsentiert durch den Betafaktor β_i:

$$E(R_i) = r_f + \beta_i [E(r_M) - r_f] = r_f + \beta_i r_P$$

Gemäß diesem Zusammenhang sind Investoren nur dann bereit, ein risikobehaftetes Anlageobjekt – zum Beispiel eine Unternehmensbeteiligung – zu erwerben, wenn dieses neben der risikofreien Verzinsung eine zusätzliche Prämie für das Risiko enthält, das sie mit dem Erwerb der Beteiligung eingehen. Je höher das systematische, nicht diversifizierbare Risiko ist, desto höher ist auch die geforderte Renditeerwartung. Nur dieses systematische Risiko, grafisch dargestellt durch die Schwankung der Renditen eines einzelnen Wertpapiers im Verhältnis zum Gesamtmarktindex, soll in der Aktienrendite entgolten werden, nicht dagegen das unsystematische Risiko, das ein rationaler Anleger durch eine breite Streuung seines Vermögens auf viele Anlageobjekte „wegdiversifizieren" kann.

So viel zur Theorie. Doch wie werden die einzelnen Bestandteile der CAPM-Grundformel im Bewertungsalltag bestimmt?

Beginnen wir mit r_f, dem Zinssatz für risikolose Renditen, der von manchen Zynikern während der letzten Finanzmarktkrise bereits als in „Maß für renditefreies Risiko" bezeichnet wurde. Als elementarer Baustein der modernen Portfoliotheorie ist die risikolose Verzinsung ein Opportunitätskostensatz, welcher der Summe zweier Erwartungen entspricht: der aktuellen Inflationserwartung und der Erwartung des

---

[2] Das Anfang der 1960er-Jahre von dem Wirtschaftsnobelpreisträger William Sharpe und den beiden Wirtschaftswissenschaftlern John Lintner und Jan Mossin unabhängig voneinander entwickelte neoklassische, auf den Grundideen der Entscheidungsmodelle der Portfoliotheorie von Harry M. Markowitz aufgebaute Gleichgewichtsmodell liefert einen bis heute weithin akzeptierten Rahmen für Anlageentscheidungen über risikobehaftete Anlageobjekte (vgl. hierzu Sharpe 1964; Lintner 1965; Mossin 1966).

[3] Zu diesen Annahmen gehören u. a. ein einperiodischer und damit in der Unternehmensbewertung undenkbarer Planungshorizont, die Gültigkeit des μ-σ-Prinzips (nach dem bei risikoaversen Entscheidern die Attraktivität einer Wertpapieranlage mit zunehmender Standardabweichung sinkt und umgekehrt) oder die uneingeschränkte Zulässigkeit von Leerverkäufen.

realen Wirtschaftswachstums. Risikolose Anlagen sind, zumindest in der Theorie, Anleihen, die keinem Ausfall-, Inflations- oder Währungsrisiko unterliegen, keine Korrelation zum restlichen Kapitalmarkt aufweisen und jederzeit fungibel sind. Diese Anforderungen erfüllen bestenfalls Staatsanleihen von Ländern höchster Bonität, heutzutage also etwa Norwegen, die Schweiz oder – bereits mit Abstrichen – Deutschland[4]. Was die Laufzeit der zu verwendenden Staatsanleihen betrifft, besteht in der Bewertungspraxis keine Einigkeit: Sie reicht von einem Jahr über drei Jahre bis hin zu 20 Jahren, aber auch skurril erscheinende Zeiträume von 9, 12 oder 15 Jahren kommen in der Praxis zum Einsatz. Da die Unternehmensbewertung auf der Diskontierung sehr langfristiger Cashflows aufbaut, sollte auch die Rendite einer möglichst langfristigen öffentlichen Anleihe angesetzt werden, um die Fristenkongruenz aufrechtzuerhalten. In der Praxis verwenden wir Renditen zehnjähriger Bundesanleihen, zumal jenseits davon ohnehin meist relativ flache Zinsstrukturkurven vorliegen.

Die Schuldenkrise der letzten Jahre hat gezeigt, dass auch Staaten – und zwar längst nicht nur exotische, politisch instabile „Entwicklungs-" Länder – insolvent gehen können. Die Renditen von Staatsanleihen enthalten daher auch eine Komponente, die zu eliminieren ist, um den tatsächlichen risikolosen Zins zu bestimmen, da es sonst zu einer Doppelzählung kommen würde. Diese Komponente ermitteln wir aus dem von Ratingagenturen ermittelten Ausfallrisiko einer Staatsanleihe, dem Credit Default Spread (CDS). CDS bezeichnen die jährlichen Versicherungsprämien, die für eine Versicherung gegen das Risiko zu zahlen sind, dass das entsprechende Land zahlungsunfähig wird; sie werden in Basispunkten angegeben.

Beispiel

Angenommen, die Verzinsung zehnjähriger Bundesanleihen liegt bei 2,8 % und die für die Versicherung einer zehnjährigen Bundesanleihe fällige CDS-Prämie bei 70,0. Eine Versicherung über 100,0 Mio. € gegen die Zahlungsunfähigkeit Deutschlands würde damit 100,0 Mio. € multipliziert mit 0,0070, also 700.000,00 € pro Jahr kosten. Damit liegt der tatsächliche risikolose Zins nicht bei 2,8 %, sondern bei 2,1 %.

Theoretisch gesehen entspricht die Marktrisikoprämie r_p der Differenz aus der erwarteten Rendite des Marktportefeuilles $E(r_M)$ und der risikolosen Verzinsung (r_f). In diesem Marktportefeuille, einem perfekt diversifizierten Portefeuille, sollten alle denkbaren risikobehafteten Finanzanlagen, Vermögensgegenstände und Investi-

[4] So wurde Deutschland im Juni 2012 von Standard & Poor's zwar unverändert mit AAA eingestuft, lag im Euromoney-Ranking aber nur noch auf Weltranglistenplatz 10, hinter Ländern wie Singapur (Platz 3), Finnland (6) oder Dänemark (8); vgl. www.euromoneycountryrisk.com.

tionsalternativen einer Volkswirtschaft enthalten sein – unter anderem also börsennotierte und nicht börsennotierte Unternehmensanteile, festverzinsliche Wertpapiere aller Risikokategorien, Immobilien, Kunstobjekte, Antiquitäten und Oldtimer. Das Marktportefeuille erfüllt, um in der Diktion des modernen Portfoliomanagements zu bleiben, die Funktion einer bestmöglich diversifizierten Benchmark. Dass das Marktportefeuille nicht existiert und damit nicht beobachtet werden kann, liegt auf der Hand. Daher behilft man sich in der Praxis mit der Approximation durch einen möglichst breit gestreuten Aktienindex, beispielsweise den marktkapitalisierungsgewichteten CDAX als Index aller deutschen Aktien, die an der Frankfurter Wertpapierbörse im General und Prime Standard gehandelt werden. Die empirischen Daten für die Risikoprämie in Deutschland liegen in einer Bandbreite zwischen 2,0 und 11,0 % (vgl. für eine Zusammenfassung Fernández und del Campo 2010, S. 2 ff.). Angesichts derartig hoher Bandbreiten ist es sinnvoll, den Ansatz einer flexiblen Risikoprämie zu verfolgen, z. B. über eine implizite Berechnung der Risikoprämie. Diese lag im November 2012 bei rund 4,7 % (zu ihrer Berechnung vgl. ausführlich Hasler 2011, S. 151 f.).

Das Beta ist in der CAPM-Welt ein Maß für das systematische Risiko, also für das Risiko, das sich nicht durch Diversifikation des Vermögens beseitigen lässt. Je höher das Beta eines Wertpapiers ist, desto höher fällt seine erwartete Rendite aus und umgekehrt. Hat ein Wertpapier ein Beta von 1, so entspricht die erwartete Rendite dieses Wertpapiers exakt der Renditeentwicklung des Marktportefeuilles, die Rendite des Wertpapiers bewegt sich im Gleichlauf zur Rendite des Marktes. Liegt das Beta über 1, verhält sich die erwartete Einzelrendite überproportional zur Marktrendite, das heißt: Ein Anstieg des Marktportefeuilles von 10 % zieht einen Anstieg des betrachteten Wertpapiers von mehr als 10 % nach sich. Bei einem Beta unter 1 ist das systematische Risiko des Unternehmens geringer als das des Gesamtmarktes, die erwartete Rendite des Wertpapiers schwankt schwächer als die Marktrendite. Liegt das Beta bei null, handelt es sich um ein risikoloses Wertpapier, näherungsweise also um eine Bundes- oder Staatsanleihe höchster Bonität (AAA), deren erwartete Rendite vom Aktienmarkt unabhängig ist. Negative Betafaktoren unterstellen eine inverse Korrelation zwischen Wertpapier und Gesamtmarkt, das heißt, dass die erwartete Rendite des betroffenen Wertpapiers zurückgeht, wenn die Rendite des Gesamtmarktes steigt, und umgekehrt. Wertpapiere mit negativen Betas sind also eine Art Versicherung eines Portefeuilles gegenüber makroökonomischen Risiken.

Rein formal berechnet sich das Beta aus der Kovarianz des Marktportefeuilles und des betrachteten Wertpapiers, die durch die Varianz des Marktportefeuilles dividiert wird. Doch die arbeitsintensive Berechnung können wir uns ersparen, da das Beta – zumindest bei börsennotierten Gesellschaften – aus der Börsenzeitung oder dem Handelsblatt, aus Zeitschriften wie „Börse Online“ oder aus diversen Internetquellen wie der Website der Deutsche Börse entnommen werden kann. Ist die Ermittlung des unternehmensspezifischen Beta-Faktors nicht möglich, etwa weil die Aktie aufgrund einer geringen Liquidität nicht regelmäßig gehandelt wird, kann das Beta auch anhand von Fundamentalfaktoren oder aus den Betas vergleichbarer Unternehmen abgeleitet werden. In diesem Fall sind Unterschiede in den Kapitalstrukturen der beteiligten Unternehmen durch De-Leveraging oder Re-Leveraging zu berücksichtigen (vgl. zur Vorgehensweise Damodaran 2012, S. 669 ff.).

► In Deutschland liegen etwa 80 % der Betawerte börsennotierter Gesellschaften zwischen 0,75 und 1,25. Werte von unter 0,5 oder über 2,0 sind statistisch nicht von Belang und sollten nur in die Detailplanungs- oder Übergangsphase, nicht hingegen in die langfristige Bewertung des Terminal Value einfließen.

Nachdem wir alle Faktoren festgelegt haben, können wir theoretisch anhand der oben vorgestellten Summenformel den Unternehmenswert berechnen. Doch wir haben unverändert ein nicht unmaßgebliches Problem, denn die Notwendigkeit, Ausschüttungen oder Diskontierungssätze über einen unendlichen oder zumindest sehr langen Zeitraum zu prognostizieren, stellt den Investor vor eine kaum zu bewältigende Herausforderung. Nicht nur in Grenzsituationen wie der letzten Finanzmarktkrise, als sich selbst die von Stabsabteilungen unterstützten DAX-Vorstände nicht trauten, auch nur für das laufende Geschäftsjahr eine belastbare Prognose abzugeben, gleicht ein solcher Versuch dem Blick in die berüchtigte Glaskugel. Auch in „normalen" Jahren wird die Ertragslage eines Unternehmens von einer so großen Vielzahl von mikro- und makroökonomischen Faktoren bestimmt, dass eine fundierte Vorhersage von Dividenden und Diskontierungssätzen über einen langen, ja unendlichen Zeitraum unmöglich erscheint.

Das Gordon-Growth-Modell Wir behelfen uns daher mit vereinfachenden Modellannahmen. Wenig heroisch dürfte die Annahme sein, dass der Kalkulationszinsfuß eines Investors über alle zukünftigen Perioden konstant bleibt, also die Unterstellung einer flachen Laufzeitstruktur seiner Diskontierungsraten. Für berechtigte Einwände dürfte dagegen die Unterstellung sorgen, dass die zweite Inputgröße in obiger Formel, die Dividende, bis in alle Ewigkeit konstant bleibt. Wachstum ist Bestandteil unternehmerischen Handelns. In diesem Umfeld ist Konstanz gleichbedeutend mit Rückschritt. Das ist aber kein gravierendes Problem, denn Wachstum lässt sich in Modellen sehr wohl abbilden, etwa durch die Annahme konstanter Wachstumsraten g. Durch iteratives Ersetzen erhalten wir schnell folgenden formvollendeten Zusammenhang, der als Gordon-Growth-Modell oder einfach Gordon-Modell die Grundlage der modernen Unternehmensbewertung geworden ist:

$$V_0 = \frac{\mathrm{Div}_1}{r_{\mathrm{EK}} - g} = \frac{\mathrm{Div}_0(1+g)}{r_{\mathrm{EK}} - g}, \quad \text{wenn} \quad r_{\mathrm{EK}} > g$$

Danach ergibt sich der heutige Wert eines Unternehmens V_0 aus dem Quotienten der für das folgende Geschäftsjahr erwarteten (und im übernächsten Jahr ausgeschütteten) Dividende und der vom Investor für diese Aktie geforderten langfristigen Eigenkapitalverzinsung r_{EK}, reduziert um die erwartete Dividendenwachstumsrate g. Der Wert eines Unternehmens ist demnach umso höher, je höher die zuletzt ausgeschüttete Dividende Div_0 bzw. die zukünftig erwartete Dividendenwachstumsrate g und je niedriger die geforderte Eigenkapitalverzinsung r_{EK} ist.

Nicht angewendet werden kann das Gordon-Modell, wenn $r_{\mathrm{EK}}=g$ oder wenn $r_{\mathrm{EK}}<g$. Im ersten Fall, in dem die Dividenden mit derselben Rate wachsen, mit der sie auch diskontiert werden, ist die Gleichung mathematisch nicht definiert, im zweiten Fall wäre ihr Wachstum sogar höher und der Wert des Unternehmens unendlich, eine ökonomisch zumindest für einen Kaufinteressenten höchst unbefriedigende Aussage. Durchaus möglich ist es allerdings, den Wert eines schrumpfenden Unternehmens – also $g<0$ – zu ermitteln, selbst wenn dies bedeuten würde, dass sich die Gesellschaft im weiteren Verlauf auflösen würde.

Die Prognose des Wachstums Aufgrund der hohen Sensitivität des Unternehmenswertes bezüglich des Wachstumsparameters g sollte man bei seiner Schätzung vorsichtig vorgehen. Deshalb wendet man das Gordon-Modell bevorzugt in reifen Geschäftsmodellen an, in denen die Wachstumsraten nur in sehr engen Grenzen schwanken und im Idealfall dem der gesamten Volkswirtschaft entsprechen. Klassische Beispiele sind Energieversorgungsunternehmen oder Lebensmitteleinzelhändler. Darüber hinaus sollten bei dem zu bewertenden Unternehmen Dividendenwachstum und Ergebniswachstum möglichst identisch sein, da andernfalls ein Ungleichgewicht entsteht: Liegt das Wachstum der Dividende langfristig über dem des ausschüttungsfähigen Gewinns, würden die Dividenden früher oder später die Gewinne übersteigen, was eine Ausschüttung aus der Substanz zur Folge hätte. Liegt das Wachstum der Gewinne langfristig über jenem der Dividenden, würde sich die Ausschüttungsquote asymptotisch der Nulllinie annähern, was ebenfalls keinem langfristigen Gleichgewichtszustand entsprechen kann. Effizienzgewinne sind im Gordon-Modell, wie übrigens in allen Modellen, die auf dem Unendlichkeitskonzept aufbauen, ausgeschlossen.

Obwohl aus dem Gordon-Modell ersichtlich ist, dass die Wachstumsrate einen erheblichen, ja dominierenden Einfluss auf den Unternehmenswert hat, legen viele

Analysten sie mehr oder weniger willkürlich fest. Dass sich durch diese „Daumen-mal-Pi-Angabe" jeder beliebige Unternehmenswert ableiten lässt, hat die Akzeptanz des Gordon-Modells und anderer auf Langfristigkeit ausgelegter Bewertungsverfahren gerade bei institutionellen Investoren maßgeblich unterminiert. Daher ist es in einem homogenen Bewertungsmodell unumgänglich, dass die langfristige Wachstumsrate nicht im Widerspruch mit den übrigen Modellparametern steht. Es lässt sich zeigen, dass in einem konsistenten Modell bei profitablen Unternehmen (ROE>0) die erwartete Dividendenwachstumsrate g_{Div} dem Produkt aus Thesaurierungsquote $(1-\delta)$ und Eigenkapitalrentabilität ROE entsprechen muss:

$$g_{\mathrm{Div}} = (1-\delta)\mathrm{ROE}$$

Zur Finanzierung des Wachstums müssen Unternehmen Teile des operativen Ergebnisses für Investitionen zurückstellen, also thesaurieren. Je größer diese Anteile sind und je höher gleichzeitig die Eigenkapitalrentabilität ist, desto höher wird das zukünftige Wachstum ausfallen – und umgekehrt. Ein Unternehmen mit einer langfristig erwarteten Wachstumsrate von 5 % und einer geforderten Eigenkapitalrendite von 15 % müsste jährlich ein Drittel seines Nachsteuerergebnisses thesaurieren, um seine Investitionsbedürfnisse in das Sachanlagevermögen und das Working Capital befriedigen zu können. Durch diesen Zusammenhang entsteht quasi ein Korrektiv der Wachstumsprognosen, und es wird deutlich, dass Wachstum nicht wie Manna vom Himmel fallen kann: Da die geforderte Eigenkapitalrendite gegeben ist, muss das Ziel eines höheren Wachstums mit einer Verringerung der Ausschüttungs- bzw. einer Anhebung der Investitionsquote verbunden sein, immer vorausgesetzt, die getätigten Investitionen sind wertschaffend (also $\mathrm{ROE} > r_{\mathrm{EK}}$). Entspricht die Eigenkapitalrendite lediglich den geforderten Kapitalkosten ($\mathrm{ROE} = r_{\mathrm{EK}}$), ist eine Erhöhung des Wachstums wertneutral; liegt sie unter den Kapitalkosten, würde weiteres Wachstum sogar Werte vernichten.

Beispiel

Für Bestandshalter von Gewerbeimmobilien besteht in Deutschland die Möglichkeit, als G-REIT (German Real Estate Investment Trust) an der Börse gelistet zu werden. In diesem Fall entfällt die Besteuerung auf Unternehmensebene, allerdings ist die Gesellschaft gesetzlich verpflichtet, mindestens 90 % ihres HGB-Ergebnisses an die Aktionäre auszuschütten.

Das Gordon-Modell unterstellt stabiles Wachstum und konstante Ausschüttungsquoten. Damit ist es für einen Immobilienbestandshalter ein angemessenes Bewertungsverfahren, denn mit Ausnahme von Insolvenzen bei Mietern ist die weitere Umsatz- und Ertragsentwicklung angesichts lang laufender und indexierter Mietverträge gut zu prognostizieren. Darüber hinaus lässt sich die Ausschüttungsquote aufgrund gesetzlicher Vorgaben von der Hauptversammlung nur in engen Grenzen verändern. Und schließlich besteht ein kausaler Zusammenhang zwischen der Wertschöpfung des Unternehmens und der ausgeschütteten Dividende.

Unterstellen wir ein Beta von 1,05, eine Risikoprämie von 4,7 % und einen risikolosen Zinssatz von 2,1 %, ergibt sich aus dem CAPM eine geforderte Eigenkapitalverzinsung von:

$$r_{\mathrm{EK}} = r_f + \beta r_p = 0{,}021 + 1{,}05 \cdot 0{,}047 = 7{,}0\,\%$$

Mit einem Eigenkapital von 80,0 Mio. € soll das Unternehmen einen ausschüttungsfähigen Gewinn von 10,0 Mio. € erwirtschaftet haben. Damit ergibt sich eine Eigenkapitalrendite $\mathrm{ROE} = \frac{10{,}0}{80{,}0} = 12{,}5\,\%$ und eine langfristige Dividendenwachstumsrate von:

$$g_{\mathrm{Div}} = (1-\delta)\mathrm{ROE} = (1-0{,}9)\cdot 0{,}125 = 1{,}25\,\%$$

Der sich aus dem Gordon-Modell ergebende fundamentale Wert V_0 für das Immobilienunternehmen liegt damit bei 157,5 Mio. €:

$$V_0 = \frac{10{,}0 \cdot 0{,}9 \cdot (1+0{,}0125)}{0{,}0700 - 0{,}0125} = 157{,}5$$

Anwendungsmöglichkeiten und Grenzen Noch bis zur Mitte der 1990er-Jahre waren Dividendendiskontierungsmodelle weit verbreitet. Seither haben sie an Bedeutung verloren, zwischenzeitlich – man erinnere sich an die Blütephase des Neuen Marktes – galten sie sogar als unzeitgemäß, und ihre Anwender wurden als Außenseiter verspottet. Zu Unrecht, denn Dividendendiskontierungsmodelle zeichnen sich durch ihre methodische Klarheit und unmittelbare Nachvollziehbarkeit aus. Nur wenige Annahmen sind erforderlich, um zur Not auch ohne Taschenrechner oder Excel-Tabelle eine sinnvolle Wertindikation zu ermitteln. Die einzige Voraussetzung ist, dass das Ergebnis langfristig prognostizierbar ist. In der Praxis werden Dividendendiskontierungsmodelle daher vor allem in reifen Industrien mit etablierten Ausschüttungsgepflogenheiten eingesetzt, zum Beispiel bei wenig diversifizierten, national tätigen Versorgungsunternehmen oder bei Immobilienbestandshaltern wie REITs.

Wie aber soll die Unternehmensbewertung erfolgen, wenn, wie in der Hoch- oder Biotechnologie, notorisch dividendenlose Gesellschaften die Regel sind? Wider jede intuitive Vermutung ist die Annahme, dass Dividendendiskontierungsmodelle nur für Unternehmen eingesetzt werden können, die auch Dividenden ausschütten, nicht bedingungslos korrekt. Theoretisch reicht es völlig aus, wenn das Unternehmen zu einem bestimmten Zeitpunkt in ferner Zukunft mit der Dividendenzahlung beginnt. Aus dieser Zahlung lässt sich ein Unternehmenswert bestimmen, den wir anschließend nur diskontieren müssen. Doch auch wenn diese Vorgehensweise theoretisch abgedeckt sein mag, dürfte die Akzeptanz des Modells unter der kurz- bis mittelfristigen Dividendenlosigkeit leiden.

Problematisch ist die Anwendung von Dividendendiskontierungsmodellen immer dann, wenn Gewinnbestandteile thesauriert werden, die anschließend nicht in wertschöpfende Projekte reinvestiert werden. Durch die Thesaurierung von Cashflows werden Liquiditätsbestände aufgebaut, die Dividendendiskontierungsmodelle nicht erfassen. Dadurch wird entweder der Unternehmenswert unterschätzt oder unterstellt, dass das Management die thesaurierten Cashflows dauerhaft in Werte vernichtende Projekte investiert. Dass auch reife Unternehmen weniger ausschütten, als sie könnten, kommt in der Praxis gar nicht so selten vor: Manche Unternehmen bauen eine „Kriegskasse“ für künftige Übernahmen auf, andere versuchen im Falle eines Ertragsrückgangs Dividendenkürzungen zu vermeiden, indem sie einmalig ihre Ausschüttungsquote erhöhen.

Dividendendiskontierungsmodelle als realitätsfern einzustufen, ist dennoch verfehlt, denn auch andere wichtige Inputfaktoren der Unternehmensbewertung schwanken im Zeitablauf. Ein stabiles Dividendenwachstum zu unterstellen, mag für ein zyklisches Unternehmen und seine volatile Ergebnisentwicklung ungewöhnlich sein. Durch die Wahl einer langfristigen Wachstumsrate, die in der Nähe der durchschnittlichen Wachstumsrate des Unternehmens liegt, ist das Gordon-Modell aber auch für konjunktursensitive Branchen brauchbar.

2.3 Discounted-Cashflow-Modelle

Profits, like sausages, are esteemed most by those who know least about what goes into them.
Alvin Toffler (*1928), Zukunftsforscher

Während Dividendendiskontierungsmodelle auf der Annahme basieren, dass nur die vom Investor vereinnahmten Liquiditätsströme bewertungsrelevant sind, nicht aber die im Unternehmen thesaurierten, wird bei Discounted-Cashflow-Modellen (DCF) der Unternehmenswert durch Diskontierung aller zukünftigen Einzahlungsüberschüsse unter Erhaltung der Substanz und Fortführung der Geschäftstätigkeit ermittelt. Bewertungsrelevant sind diejenigen Zahlungsströme, die für eine Ausschüttung an die Aktionäre theoretisch zur Verfügung stehen, jedoch nicht notwendigerweise an diese ausgeschüttet werden.

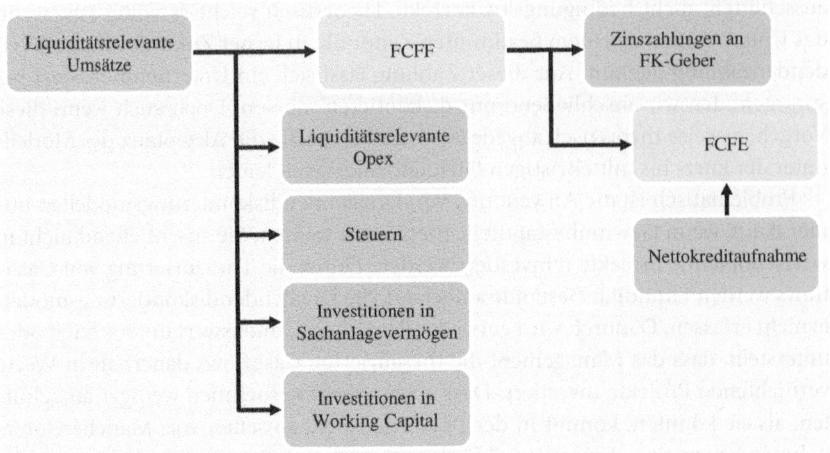

Abb. 2.2 Berechnung von FCFF und FCFE

Anhand von DCF-Modellen können große Unternehmen ebenso bewertet werden wie kleine, profitable ebenso wie (über einen gewissen Zeitraum) unprofitable, schnell wachsende ebenso wie reife Unternehmen. Im Vordergrund der Bewertung steht stets der Liquiditätsstrom, nicht hingegen eine Größe, die sich tendenziell vom Management beeinflussen lässt, etwa der von buchhalterischen Überlegungen geprägte Ertrag oder die von der Hauptversammlung festgelegte Ausschüttung. Ein weiterer Vorteil eines kapitaltheoretischen Verfahrens wie des DCF-Modells liegt schließlich darin, dass sich der Investor intensiv mit dem zu bewertenden Unternehmen und seiner Branche beschäftigen muss. Mehr als bei Dividendendiskontierungsmodellen muss er die wesentlichen Umsatz- und Ertragstreiber des Geschäftsmodells herausarbeiten, die Branche kennen und die Stärke der relevanten Wettbewerber einschätzen. All dies hat dazu geführt, dass DCF-Modelle heute als die fundamentalanalytisch korrekte Methode angesehen werden, den inneren Wert eines Unternehmens zu bestimmen.

Grundkonzeptionen und Erweiterungen Zwar kursieren zahlreiche DCF-Verfahren, doch letzten Endes variieren sie bestenfalls in Details, denn das Grundprinzip, nach dem zukünftige Zahlungsüberschüsse durch Diskontierung mit ihrem risikoadjustierten Kapitalkostensatz in ihren heutigen Wert übergeführt und anschließend summiert werden, ist allen Modellen gemein. Insofern lassen sich DCF-Modelle auf zwei Grundkonzeptionen zurückführen: das Nettoverfahren und das Bruttoverfahren (s. Abb. 2.2).

- Beim Nettoverfahren ermitteln wir den Unternehmenswert anhand der Cashflows, auf die allein Eigenkapitalgeber Anspruch haben. Diese Free Cashflows to Equity (FCFE) repräsentieren den Maximalbetrag, der (theoretisch) für eine Ausschüttung an die Aktionäre zur Verfügung steht. Ob er tatsächlich ausgeschüttet wird, zum Teil oder gar nicht, ist ohnehin eine Ermessensentscheidung der Hauptversammlung und ändert nichts an der Höhe der Liquiditätsströme und damit am Unternehmenswert. Die Diskontierung der FCFE erfolgt anhand der geforderten Eigenkapitalverzinsung (r_{EK}), die uns schon aus den Dividendendiskontierungsmodellen bekannt ist.
- Beim Bruttoverfahren ermitteln wir zunächst den gesamten Unternehmenswert, in dem die Ansprüche aller Kapitalgeber wiedergegeben sind. Die Diskontierung der Brutto-Cashflows erfolgt über einen Mischzinssatz (Weighted Average Cost of Capital, WACC), der sich aus den gewichteten Anteilen der jeweiligen Kapitalgeber zusammensetzt. Das Bruttoverfahren lässt sich wiederum in zwei Teilansätze untergliedern: Free-Cashflow-to-the-Firm(FCFF)- oder WACC-Konzepten liegt die Annahme zugrunde, dass der gesamte operative Free Cashflow, der während einer bestimmten Periode erwirtschaftet wird, Grundlage der Bewertung sein soll. Beim Adjusted-Present-Value-Verfahren (APV) hingegen, das in der Praxis eher selten zum Einsatz kommt, werden die positiven und negativen Folgen der betrieblichen Verschuldung separat vom Wert des betrieblichen Vermögens ermittelt.

So austauschbar die beiden Modelle erscheinen, sie sind es nicht. Ist die Kapitalstruktur des Unternehmens im Zeitablauf stabil, ist das Nettoverfahren das geeignete Verfahren, zumal es einfacher anzuwenden ist. Das Bruttoverfahren hingegen ist zu bevorzugen, (1) wenn der FCFE gerade negativ ist, (2) wenn es sich um ein stark verschuldetes Unternehmen handelt oder (3) wenn sich der Verschuldungsgrad des Unternehmens in absehbarer Zeit ändern wird. So wird ein Unternehmen, das gegen Ende des Jahres t eine fünfjährige Anleihe begibt, im Jahr $t+1$ voraussichtlich einen Free Cashflow to Equity berichten, der über dem ursprünglichen Planwert ohne Einbeziehung der Anleihe liegt, während die Free Cashflows to Equity in den darauffolgenden vier Jahren aufgrund der höheren Zinsaufwendungen unter den ursprünglichen Prognosezahlen liegen dürften. Der Free Cashflow to the Firm hingegen, der die Liquiditätsströme repräsentiert, die an alle Investoren ausgeschüttet werden können, wird von diesen Finanzierungsentscheidungen zu keinem Zeitpunkt beeinflusst. In der Bewertungspraxis wird der FCFF-Ansatz daher meist für Industrie- und Dienstleistungsunternehmen empfohlen, während der FCFE-Ansatz häufig für Finanzdienstleister wie Banken und Versicherungen die erste Methodenwahl ist.

Formale Ableitung der Cashflows Berechnungsgrundlage des Free Cashflow to the Firm ist das operative Ergebnis (EBIT) nach Steuern τ, welches um zahlungswirksame Netto-Investitionen I_n gekürzt wird:

$$\mathrm{FCFF} = \mathrm{EBIT}(1-\tau) - I_n$$

Beim operativen Ergebnis EBIT verwenden wir die um einmalige und außerordentliche Effekte bereinigte Ertragsgröße aus der Gewinn-und-Verlust-Rechnung. Da Abweichungen vom Grenzsteuersatz nicht dauerhaft sind und sich langfristig die tatsächliche Steuerquote dem Grenzsteuersatz annähert, sollte nur während der kurzfristigen Detailplanungsphase ein Steuersatz angesetzt werden, der von der normalisierten liquiditätswirksamen Grenzsteuerquote abweicht, etwa aufgrund steuerlicher Verlustvorträge. Da zudem davon ausgegangen werden kann, dass alle Erträge früher oder später in das Steuerregime zurückgeführt werden, in dem das Unternehmen seinen Firmensitz hat, sollte langfristig der gewählte Grenzsteuersatz dem des Inlandes entsprechen (Steuern auf der Ebene des Anteilseigners bleiben bei der Unternehmensbewertung gänzlich unberücksichtigt). Dieser setzt sich in Deutschland aus zwei Komponenten zusammen: dem Körperschaftssteuersatz, der seit 2008 einschließlich Solidaritätszuschlag bei 15,825 % liegt, und der Gewerbesteuer, die bei einem durchschnittlichen Hebesatz von derzeit etwa 430 % einem durchschnittlichen Gewerbesteuersatz von etwa 15,1 % entspricht. Die Gesamtbelastung eines in Deutschland beheimateten Unternehmens liegt damit im Durchschnitt bei knapp unter 31,0 % des erzielten Vorsteuerergebnisses.

Die Nettoinvestitionen I_n umfassen den Betrag, den ein Unternehmen für die Generierung des zukünftigen Wachstums zurückhält und nicht an die Aktionäre ausschüttet. Dazu zählen Investitionen in das Sachanlagevermögen (Capex), in das Working Capital (ΔWC) und in Übernahmen (M&A). Von diesem Bruttowert sind Abschreibungen auf das Anlagevermögen (Dep) sowie auf den Goodwill (Amo) zu bereinigen.

$$I_n = \mathrm{Capex} + \Delta\mathrm{WC} + \mathrm{M\&A} - \mathrm{Dep} - \mathrm{Amo}$$

Zu den Sachanlageinvestitionen (Capex) zählen wir sowohl die Ersatzinvestitionen, die erforderlich sind, um die bestehende Geschäftstätigkeit aufrechtzuerhalten, als auch sämtliche Erweiterungsinvestitionen, die notwendig sind, um das in der Unternehmensplanung angesetzte Umsatzwachstum zu ermöglichen.

Unter den Investitionen in das Working Capital verstehen wir den Saldo aus kurzfristigen Vermögenswerten wie Vorräten bzw. Forderungen aus Lieferungen und Leistungen auf der einen Seite und den kurzfristigen Verbindlichkeiten, hauptsächlich aus Lieferungen und Leistungen sowie für Lieferantenkredite, auf der anderen Seite. Gelingt es einem Unternehmen, seinen Vorratsbestand zu verringern oder seine Außenstände schneller einzufordern, braucht es weniger Liquidität, um seinen Geschäftsbetrieb aufrechtzuerhalten, was sich wiederum positiv auf den Free Cashflow to the Firm und damit auf die Unternehmensbewertung auswirkt. Dies scheint eine recht bequeme Form der Wertsteigerung zu sein. Implizit wird dabei jedoch unterstellt, dass der Abbau von Working Capital keine negativen Konsequenzen auf den Geschäftsbetrieb hat. Häufig erfüllt der Unterhalt von Vorräten auch einen operativ relevanten Zweck, nämlich den Verkauf von Waren. Fällt das Working Capital unter ein ökonomisch sinnvolles Mindestmaß, bedeutet dies nicht kontrahierte Umsätze und damit eine Vernichtung von Werten. Liquiditätsfreisetzungen aus dem Abbau von Working Capital lassen sich also nicht unendlich fortsetzen.

Korrekterweise ist zum Working Capital auch jener Teil des Kassenbestands hinzuzuzählen, der erforderlich ist, um den operativen Geschäftsbetrieb aufrechtzuerhalten. Nur die nicht betriebsnotwendigen Kassenbestände, die die Minimalliquidität übersteigen (das Excess Cash), sollten aus der Berechnung des Working Capitals ausgenommen werden. Üblicherweise wird daher bei Unternehmen, deren Börsengang erst kurze Zeit zurückliegt, die gesamte Liquiditätsposition als nicht-operativ eingestuft und aus der Berechnung des Working Capital entfernt. In allen anderen Fällen ist die Höhe des Excess Cash von der Branche abhängig: Ein vom Aufbau eines Filialnetzes getriebener Einzelhändler hat zweifelsohne größere Kassenbestände vorzuhalten als ein Online-Versandhändler, der seine Transaktionen bargeldlos über Kreditkarten oder Bankeinzugsermächtigungen abwickelt.

▶ Grundsätzlich gilt, dass der Liquiditätsbetrag, den ein Unternehmen operativ vorhalten muss, umso höher ist, je kleiner und jünger das Unternehmen ist und je ineffizienter die Märkte organisiert sind, in denen es tätig ist. Sofern man nicht auf Industriedurchschnitte zurückgreifen kann, hat es sich als Daumenregel bewährt, etwa 2 % des Liquiditätsbestands als betriebsnotwendig einzustufen. Die verbleibenden 98 % bleiben daher bei der Berechnung des Working Capitals unberücksichtigt.

Auch M&A-Aktivitäten sind Bestandteil der Nettoinvestitionen; in der Bewertungspraxis werden Übernahmen allerdings nur in jenen Fällen bewertet, in denen das spezifische Übernahmeziel mitsamt allen Details hinlänglich bekannt ist oder in denen sich aus den Vergangenheitsdaten eine unternehmensspezifische Durchschnittsgröße (*Run Rate*) ableiten lässt. In allen anderen Fällen sollte allein der Status quo modelliert werden.

Im Gegensatz zum FCFF-Konzept werden beim Free-Cashflow-to-Equity(FCFE)- oder Flow-to-Equity(FTE)-Konzept Zahlungsströme betrachtet, die theoretisch für eine Dividendenausschüttung zur Verfügung stehen. Um sie zu berechnen, beginnen wir mit dem Nachsteuerergebnis, aus dem sämtliche Ansprüche anderer Stakeholder (darunter Kreditgeber, aktive und ehemalige Arbeitnehmer, Minderheitsanteilseigner) bereits beglichen wurden. Sachanlageinvestitionen im weitesten Sinne – inklusive externem Wachstum aus M&A-Transaktionen und der Aufnahme von Working Capital – sind die wesentlichen Zahlungsabflüsse, die aus dem Nachsteuerergebnis bevorzugt zu finanzieren sind. Demgegenüber sind Abschreibungen (und ggf. Amortisationen) als nicht liquiditätsrelevante Aufwandspositionen zum Nettoergebnis hinzuzuzählen.

Neben der internen Finanzierung sind auch externe Finanzierungsquellen zu berücksichtigen: Während dem Unternehmen durch die Aufnahme von Fremdkapital Liquidität zufließt, die wiederum dem Aktionär als Ausschüttung zur Verfügung steht, hat die Tilgung von Unternehmensanleihen oder Bankkrediten einen gegenteiligen Effekt auf den FCFE. Per Saldo ergibt sich damit folgende Gleichung zur Berechnung des Free Cashflows to Equity:

$$\text{FCFE} = \text{NetInc} - (\text{Capex} - \text{Dep} - \text{Amo}) - \Delta\,\text{WC} - \text{M\&A} + \Delta\,\text{Debt}$$

bzw. vereinfacht:

$$\text{FCFE} = \text{NetInc} - I_n + \Delta\text{Debt}$$

Diese Kennzahl ist der größtmögliche Betrag, der theoretisch für eine Dividendenzahlung an die Aktionäre zur Verfügung steht, ohne dass eine Ausschüttung aus der Substanz der Gesellschaft erfolgen muss. Anhand dieser Grundgleichung werden die beiden wesentlichen Unterschiede zwischen FCFE und FCFF deutlich: Während der FCFE auf dem Nachsteuerergebnis basiert, einer Größe, die nach Zinsen und Steuern berechnet wird, wird der FCFF mithilfe einer operativen Ertragsgröße vor Zinszahlungen berechnet. Darüber hinaus ist der FCFE ein Liquiditätsstrom, der um die Veränderung der Nettoverschuldung bereinigt ist, während es sich beim FCFF um einen Liquiditätsstrom vor der Veränderung der Nettoverschuldung handelt.

Damit ist unmittelbar einsichtig, dass der FCFE selbst bei profitablen Unternehmen negative Werte annehmen kann, wenn nämlich die Summe aus Nettoinvestitionen und Schuldenrückführung den Jahresüberschuss übersteigt. Tendenziell dürfte dies gerade bei jungen Unternehmen der Fall sein, bei denen das Wachstum durch externe Quellen finanziert wird: Sie investieren in ihre Entwicklung anfangs hohe Beträge. Erst im Lauf der Zeit, wenn die hohen Wachstumsraten der Anfangsphase sich mangels Investitionsalternativen nicht länger aufrechterhalten lassen, springt der FCFE in den positiven Bereich. Aus diesem Zusammenhang ergibt sich die skurrile Situation, dass der Unternehmenswert während der Wachstumsphase rechnerisch negativ ist und sich positive Unternehmenswerte erst aus der Spätphase des Lebenszyklus, häufig sogar erst aus der Phase des Steady State, rechtfertigen lassen.

Vom Cashflow zum Unternehmenswert Viele Investmentbanken werben damit, dass ihre Diskontierungsverfahren ausgeklügelter seien als die ihrer Wettbewerber. Unabhängig davon, ob es sich um Brutto- oder Nettoverfahren handelt, variieren DCF-Modelle jedoch allenfalls in Details und lassen sich stets auf eine allgemeine Grundformel reduzieren, die uns schon von den Dividendendiskontierungsmodellen bekannt sein sollte:

$$V_0 = \sum_{t=0}^{\infty} \frac{\text{Cashflow}_t}{(1 + \text{Kapitalkosten}_t)^t} + \text{NOA}_0$$

Um den Unternehmenswert V_0 zu bestimmen, muss man drei Dinge kennen: sämtliche Cashflows, die in den zukünftigen Perioden t erwirtschaftet werden, die jeweiligen Finanzierungskosten der Vermögenswerte, die für die Generierung der Cashflows eingesetzt werden, sowie die Marktwerte der nicht betriebsnotwendigen Vermögensgegenstände NOA.

Per Saldo können damit zwei Fähigkeiten des Managements als Treiber des Unternehmenswertes isoliert werden: (1) die Fähigkeit, die Cashflows zu steigern, und (2) die Fähigkeit, die mit deren Erwirtschaftung verbundenen Risiken, operationalisiert in den Kapitalkosten, zu senken. Ein Unternehmen, das schneller wächst als andere, und ein Unternehmen, das diese Erträge mit einem geringeren Risiko erwirtschaften kann als andere, wird einen höheren Unternehmenswert aufweisen als seine langsamer wachsenden bzw. riskanteren Wettbewerber.

Da die Lebensdauer eines Unternehmens als nicht endlich unterstellt wird (Going-Concern-Prinzip), sind auch Cashflows über einen unendlichen oder zumindest sehr langen Zeitraum zu prognostizieren. Wie beim Dividendendiskontierungsmodell stellt dies für den Bewerter eine nicht zu bewältigende Herausforderung dar, selbst wenn das zu bewertende Unternehmen in einer relativ stabilen Branche tätig ist.

Hintergrund

Pragmatisch gesehen könnte man sich damit behelfen, nur die Cashflows für die nächsten 20 oder 30 Jahre zu prognostizieren und die Zeit danach zu vernachlässigen, da der diskontierte Barwert späterer Cashflows verschwindend gering ist: So entspricht der Barwert eines Cashflows in Höhe von 1,00 €, der in 30 Jahren erwirtschaftet wird, bei einem Diskontierungssatz von 10,0 % einem heutigen Wertbeitrag von gerade mal 0,06 €.

Da diese Vorgehensweise aber willkürlich und mit methodischen Schwächen verbunden ist, wendet man in der Praxis Ansätze an, die die operative Entwicklung eines Unternehmens in mehrere Phasen aufteilen. Ihnen ist die Annahme gemeinsam, dass das betrachtete Unternehmen, obwohl es über einen begrenzten Zeitraum eine vom langfristigen Durchschnitt abweichende Ertragsentwicklung aufweisen kann, früher oder später doch auf einen für alle Unternehmen gültigen langfristigen Wachstumspfad zurückkehren wird. Um die Realität modellhaft abzubilden, gibt es für die Phase der überdurchschnittlichen Wachstumsraten zwei idealtypische Konzepte:

- Im ersten Konzept weist ein Unternehmen über einen bestimmten Zeitraum hohe Wachstumsraten auf und fällt anschließend abrupt auf seinen langfristigen Wachstumspfad zurück. Unternehmen, die ein Patent ausbeuten oder in Monopolmärkten aktiv sind, die aus gesetzlichen Regulierungen entstehen – man denke an die Förderung der deutschen Solarindustrie –, können anhand dieses Ansatzes bewertet werden. Verfallen die Exklusivrechte, werden die Monopolgewinne durch neu auf den Markt drängende Wettbewerber unmittelbar aufgezehrt (s. Abb. 2.3 links).
- Im Mittelpunkt des zweiten Konzepts steht ein Unternehmen, das anfänglich von überdurchschnittlich hohen Ertragswachstumsraten gekennzeichnet ist, die sich infolge sukzessive aufkeimender Wettbewerbsintensität immer weiter zurückbilden, bis sie sich schließlich den Wachstumsraten der Reifephase angenähert haben. Dieses klassische Dreiphasenmodell beschreibt die First-Mover-Entwicklung eines Unternehmens, das mit einem innovativen Produkt auf den Markt tritt, für einen begrenzten Zeitraum überdurchschnittliche Renditen erwirtschaftet, die durch den Markteintritt neuer Wettbewerber allmählich abschmelzen (s. Abb. 2.3 rechts).
- Noch ein dritter Ansatz ist denkbar, jedoch äußerst selten: Bei den unter den Bezeichnungen „Network Effect" oder „nachfrageseitige Skaleneffekte" bekannten Geschäftsmodellen werden Unternehmen umso wertvoller, je älter sie werden, weil sie im Zeitablauf immer mehr Kunden auf sich vereinen können. Sinkende Stückkosten halten den Wettbewerb in Schach, wodurch sich ein stabiler Gleichgewichtszustand aufbauen kann. Das wohl berühmteste Beispiel für diesen Effekt ist das Windows-Betriebssystem von Microsoft, mit dem das Unternehmen in der Vergangenheit operative Margen von bis zu 60 % erzielen konnte.

In der Bewertungspraxis werden die Cashflows in der sogenannten Detailplanungsphase von bis zu fünf Jahren direkt aus der Gewinn-und-Verlust-Rechnung bzw. der Bilanz abgeleitet („Bottom-up-Planung") und anschließend in der Grob-

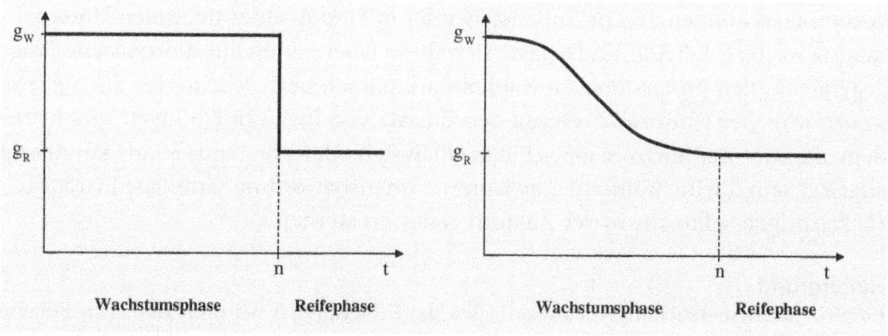

Abb. 2.3 Vergleich der Phasenmodelle

planungsphase – je nach Sektor – für einen Zeitraum von weiteren fünf bis zehn Jahren anhand stark vereinfachender Annahmen („Top-down-Planung") geschätzt. Im Anschluss an diese beiden Phasen, in Abb. 2.3 dargestellt zum Zeitpunkt *n*, wird der Terminal Value anhand einer Ewige-Renten-Formel mit konstanten Wachstumsraten berechnet.

Modellendogene Ermittlung des Wachstums Um die Cashflows zu prognostizieren, analysieren die meisten Unternehmensbewerter die Wachstumsraten, die das Unternehmen in der Vergangenheit erzielt hat, bereinigen diese um außergewöhnliche und einmalige Ereignisse und extrapolieren sie anschließend in die Zukunft. Diese exogene Vorgehensweise weist mehrere Schwächen auf, unter anderem die, dass völlig ungeklärt ist, wie lange der Bewerter in die Vergangenheit des Unternehmens zurückzugehen hat: Genügt ein Dreijahreszeitraum oder sollten es, um einen vollständigen Konjunkturzyklus abzubilden, doch eher acht bis zehn Jahre sein? Kann die Vergangenheit überhaupt ein Indikator für die zukünftige Entwicklung sein? Und wie ist zu verfahren, wenn es sich um ein junges Unternehmen ohne entsprechende Historie handelt, etwa aus dem Bereich erneuerbare Energien oder dem Internetsektor in ihren Anfängen? Dass es für diese Fragen keine richtigen Antworten geben kann, liegt auf der Hand; zudem gibt es statistisch gesehen nur einen relativ schwachen Zusammenhang zwischen der in der Vergangenheit erzielten und der in Zukunft zu erwartenden operativen Performance. Damit erscheint diese Vorgehensweise nicht nur arbeitsreich, sondern auch ineffizient.

Alternativ könnte man den Aussagen von „Branchen-Insidern" vertrauen, also von Unternehmensvertretern oder Finanzanalysten. Allerdings stellt sich die Frage, ob diese die operative Zukunft des Bewertungsgegenstands tatsächlich besser vorhersagen können als ein Außenstehender in Gestalt eines neutralen Unternehmensbewerters. Letzten Endes lässt sich diese Überlegung auf die zynische Frage gegenüber allen professionellen Kapitalmarktteilnehmern reduzieren: „*If you're so smart, why aren't you rich?*" Gegen den Einsatz von Insidermeinungen spricht zudem, dass der Zeithorizont eines Finanzanalysten oder Vorstands relativ kurzfristig angelegt sein dürfte, während eine Unternehmensbewertung sämtliche Erträge berücksichtigen sollte, die in der Zukunft generiert werden.

Hintergrund
Empirischen Untersuchungen zufolge liegen die Fehlerquoten bei professionellen Finanzanalysten über einen Zeitraum von 24 Monaten zwischen 93 und 95 %, auf Sicht von 12 Monaten liegt der Prognosefehler immer noch zwischen 43 und 47 % (vgl. Montier 2008, S. 2).

Um derartige Probleme zu umgehen, kann man auf betriebswirtschaftliche Gesetzmäßigkeiten zurückgreifen, die für jedes Unternehmen gelten. Diese Methodik hat den Vorteil, dass eine modellendogene Wachstumsrate abgeleitet wird, die mit allen sonstigen Parametern unseres Bewertungsmodells konsistent ist. Dadurch gelingt es zum einen, ein vollständig geschlossenes Bewertungsverfahren zu erstellen, zum anderen lässt sich der verschiedentlich geäußerte Vorwurf entkräften, das Ergebnis eines Diskontierungsmodells sei nichts anderes als die komplexe Ableitung eines vom Bewerter gewünschten Ergebnisses.

Für die endogene Wachstumsrate des FCFF gilt, dass sie dem Produkt aus Investitionsquote ε eines Unternehmens und seiner Gesamtkapitalrendite entspricht, also

$$g_{\text{FCFF}} = \frac{\text{Capex} - \text{Dep} + \Delta\text{WC}}{\text{EBIT}(1-\tau)} \frac{\text{EBIT}_t(1-\tau)}{\text{SAV}_{t-1} + \text{WC}_{t-1} - \text{ExcessCash}_{t-1}}$$

bzw. vereinfachend:

$$g_{\text{FCFF}} = \varepsilon \text{ROCE}$$

(für die Herleitung der Formeln vgl. ausführlich Hasler 2011, S. 202 ff.)

Damit ist das Wachstum eines Unternehmens umso höher, je höher seine Gesamtkapitalrentabilität ROCE und je höher die Investitionsquote ε ist. Eine Gesamtkapitalrendite von 6,0 % und eine Investitionsquote von 50,0 % sind gleichbedeutend mit einer erwarteten Wachstumsrate der FCFF von 3,0 %. Eine exogene Anhebung der erwarteten Wachstumsrate, beispielsweise in den Zielvorgaben des Vorstands, die üblicherweise an den Börsen bejubelt wird, ist also nicht umsonst zu haben, sondern muss zumindest zum Teil durch eine Anhebung der Investitionsquote „erkauft" werden – was wiederum negative Auswirkungen auf den Unternehmenswert hat.

Die modellendogene Schätzung der Wachstumsrate des FCFE errechnet sich aus dem Produkt aus Thesaurierungsquote $(1-\delta)$ und Eigenkapitalrentabilität ROE, also:

$$g_{\text{FCFE}} = (1-\delta)\text{ROE}, \quad \text{für} \quad \text{ROE} > 0$$

Auch hier wird unmittelbar ersichtlich, dass weniger profitable Unternehmen größere Anteile des Nachsteuerergebnisses für Investitionen einbehalten müssen, um ihr Wachstum zu finanzieren, als profitable.

Bestandteile von Diskontierungssätzen Nach der Bestimmung der Cashflows betrachten wir nun die Kapitalkosten, die mit deren Erzielung verbunden sind. Wie wir gesehen haben, sind Erträge und Cashflows von risikoreichen Unternehmen mit höheren Kapitalkosten zu diskontieren als Cashflows von weniger riskanten Unternehmen. Unter sonst gleichbleibenden Bedingungen gilt damit, dass der Barwert von in Zukunft erwirtschafteten Cashflows und auch der daraus ermittelte Unternehmenswert umso größer ist, je niedriger das Risiko des zu bewertenden Geschäftsmodells ist. Ceteris paribus wird also ein Bestandshalter von Wohnimmobilien in Bestlagen einen höheren Unternehmenswert aufweisen als ein Entwickler von Speziallogistikimmobilien mit fluktuierenden Leerständen.

Die Wahl des Diskontierungssatzes hängt davon ab, ob Zahlungsströme diskontiert werden, die ausschließlich den Eigenkapitalgebern zustehen (Equity-Ansatz), oder solche, die zur Befriedigung aller Kapitalgeber eingesetzt werden (Entity-Ansatz). Während im Equity-Ansatz der Diskontierungssatz nur die Renditeforderung des Eigenkapitalgebers wiedergeben darf (unabhängig davon, ob und in welchem Ausmaß das Unternehmen verschuldet ist), ist im Entity-Ansatz ein Mischzinssatz zu verwenden, in den Eigenkapital- wie auch Fremdkapitalkosten mit ihren jeweiligen Kapitalanteilen eingehen, die sogenannten durchschnittlichen gewichteten Kapitalkosten WACC.

Beginnen wir mit der Ermittlung des Diskontierungssatzes im Equity-Ansatz, den Kosten des Eigenkapitals. Wie wir bei den Dividendendiskontierungsmodellen gesehen haben, muss man vier Inputfaktoren kennen, um sie zu bestimmen:

1. den risikolosen Zinssatz r_f, der sich für ein deutsches Unternehmen aus den aktuellen Renditen zehnjähriger Bundesanleihen ableitet;
2. den Credit Default Spread (CDS) deutscher Zehnjahresanleihen, um den die risikolose Verzinsung zu korrigieren ist;
3. die Marktrisikoprämie als Differenz aus der erwarteten Rendite des Marktportefeuilles $E(r_M)$ und der risikolosen Verzinsung r_f, die entweder aus historischen

Kursen anhand von geometrischen Mittelwerten der realisierten Überrenditen oder aus impliziten Annahmen abgeleitet werden kann;
4. das Beta des Wertpapiers, das etablierte Maß für das aktien- bzw. unternehmensspezifische Risiko.

Beispiel

Die Aktien eines mittelständischen Autozulieferers werden mit einem 200-Tages-Beta von 1,6 gehandelt. Wir unterstellen eine aktuelle Verzinsung einer zehnjährigen Bundesanleihe r_f von rund 2,8 %. Ihre Ausfallwahrscheinlichkeiten, gemessen anhand der CDS deutscher Bundesanleihen gleicher Laufzeit, notieren bei etwa 70 Basispunkten und die implizite Risikoprämie des Marktportefeuilles ermittelt sich bei 4,7 %. Damit sind die FCFE des Autozulieferers mit einem Satz von

$$r_{\mathrm{EK}} = 0{,}0280 - 0{,}070 + 1{,}6 \cdot 0{,}047 = 9{,}6\,\%$$

zu diskontieren.

Da Kapitalkosten auf der Basis von beobachtbaren, normalisierten Renditen zu ermitteln sind, in denen bereits eine Marktprämie für die erwartete Inflation enthalten ist, ist es nicht erforderlich, den Faktor Inflation weitergehend zu berücksichtigen.

Während die Diskontierung der FCFE nur die Ansprüche der Eigenkapitalgeber berücksichtigt, sind für die Diskontierung der FCFF auch die Ansprüche anderer Kapitalgeber einzubeziehen, beispielsweise die der Fremdkapitalgeber r_{Debt}. Die Gläubiger eines Unternehmens gehen das Risiko ein, dass sie nicht die ihnen versprochenen Geldflüsse erhalten, namentlich die Zinszahlungen während der Laufzeit des Kredits und die Rückzahlung des Nominalbetrags. Dies macht es erforderlich, auf den risikolosen Zinssatz r_f einen Aufschlag zu erheben, der die Solvenz- und Bonitätsrisiken des jeweiligen Unternehmens widerspiegelt. Dieser Aufschlag kann bei gerateten Anleihen direkt, bei nicht gerateten Anleihen indirekt aus den Effektivverzinsungen vergleichbarer Unternehmen abgeleitet werden. „Vergleichbar" bedeutet dabei nicht notwendigerweise, dass das Peer-Unternehmen aus derselben Branche stammt wie das zu bewertende Unternehmen, sondern dass es bezüglich der relevanten Kreditkennzahlen (z. B. Zinsdeckungsgrad, Gearing oder Leverage) mit dem zu bewertenden Unternehmen vergleichbar ist.

Haben wir die Verzinsung des zinstragenden Fremdkapitals abgeleitet, stellt sich die Frage nach der anzulegenden Steuerquote des Unternehmens. Denn Zinsaufwendungen sind steuerlich abzugsfähig, wodurch sich für profitable Gesellschaften die Höhe der Steuerzahlungen verringert. Dieser als *Interest Tax Shield* oder Steuerschild aus Zinsaufwand bezeichnete Einfluss wird formal durch die Verwendung des Nachsteuer-Fremdkapitalkostensatzes $r_{\text{Debt}}(1-\tau)$ ausgedrückt. Als Steuersatz τ ist allein die in Deutschland gültige Grenzsteuerquote entscheidend. Im bundesweiten Durchschnitt liegt die steuerliche Gesamtbelastung bei rund 30,9 % des Vorsteuerergebnisses. Langfristig legen wir diesen Steuersatz auch für international tätige Unternehmen an, die in vielen Ländern steuerliche Organschaften unterhalten, da man vereinfachend davon ausgehen kann, dass jeder im Ausland erwirtschaftete Euro früher oder später seinen Weg in das deutsche Steuersystem findet und spätestens dann mit dem inländischen Grenzsteuersatz besteuert wird.

Um einen für die Diskontierung von FCFF relevanten Zinssatz zu ermitteln, werden abschließend sämtliche Kapitalansprüche entsprechend ihrem jeweiligen Anteil am Gesamtkapital gewichtet. Beschränken wir uns vereinfachend auf die Marktwerte des Eigen- und Fremdkapitals (EK_0 und Debt_0), ermitteln sich die durchschnittlichen gewogenen Kapitalkosten aus folgender Formel:

$$\text{WACC}_t = r_{\text{EK}} \frac{\text{EK}_{0,t-1}}{\text{EK}_{0,t-1} + \text{Debt}_{0,t-1}} + r_{\text{Debt}} \frac{\text{Debt}_{0,t-1}}{\text{EK}_{0,t-1} + \text{Debt}_{0,t-1}} (1-\tau)$$

Die Gewichte, mit denen die erwarteten Eigenkapital- und Fremdkapitalkosten in die Berechnung eingehen, sind die relativen Anteile der Marktwerte von Eigen- und verzinslichem Fremdkapital am gesamten Unternehmenswert, also $\text{EK}_0/(\text{EK}_0+\text{Debt}_0)$ bzw. $\text{Debt}_0/(\text{EK}_0+\text{Debt}_0)$, und zwar aus der jeweiligen Vorperiode, da nur diese Kapitalwerte für die Erzielung des Cashflows der laufenden Periode zur Verfügung gestanden haben.

Um die Gewichte der Eigenkapitalkosten zu bestimmen, kann man bei börsennotierten Gesellschaften auf öffentlich verfügbare Marktdaten wie die Marktkapitalisierung zurückgreifen. Dabei ist die voll verwässerte Aktienzahl zu verwenden, und zwar zum Bewertungsstichtag; keinesfalls darf ein Durchschnittswert oder ein vergangenheitsorientierter Stichtagswert angesetzt werden. Sind mehrere Aktiengattungen (wie Stamm- und Vorzugsaktien) börsennotiert, sind die jeweiligen Schlusskurse mit der jeweiligen Aktienzahl zu multiplizieren und die gesamte Marktkapitalisierung des Unternehmens zu ermitteln. Komplizierter wird die Berechnung, wenn es mehrere Aktiengattungen gibt und eine davon nicht an einer Börse gehandelt wird. Beispiele hierfür sind die ProSiebenSat.1 Media AG und die Porsche AG, von denen jeweils nur die Vorzüge börsennotiert sind. In beiden Fällen ist aus den Vorzugsaktien ein Marktwert für die Stammaktien abzuleiten. Existieren darüber hinausgehende Ansprüche von Eigenkapitalgebern wie Wandelanleihen oder Mitarbeiteroptionen, sind diese entsprechend gewichtet ebenfalls in die Berechnung der Eigenkapitalquote einzubeziehen. Unberücksichtigt bleiben dagegen Treasury Shares, die eingezogen werden.

Bei der Ermittlung der Fremdkapitalgewichtung kann, sofern die vereinbarten Finanzierungssätze den derzeit marktgängigen Konditionen entsprechen und sich das Unternehmen nicht in Zahlungsschwierigkeiten befindet, der Marktwert der kurz- und langfristigen zinstragenden Verbindlichkeiten mit seinem Buchwert gleichgesetzt werden. Dieses Vorgehen ist zum Beispiel angebracht, wenn das Fremdkapital zum überwiegenden Teil aus kurzfristigen, variabel verzinsten Darlehen besteht, wenn das langfristige Fremdkapital erst vor kurzer Zeit abgeschlossen wurde und wenn sich die Risikosituation des Unternehmens – ausgedrückt zum Beispiel in seinem Rating – seither nicht wesentlich verändert hat. Insbesondere werden Verbindlichkeiten gegenüber Kreditinstituten, ob kurz- oder langfristig, mit ihren jeweiligen Buchwerten veranschlagt. Und auch bei kurzfristigen Verbindlichkeiten von weniger als einem Jahr sollten beide Größen noch annähernd identisch sein, es sei denn, das Insolvenzrisiko des Unternehmens hat sich nach Eingehen der Verschuldung dramatisch verändert.

Die durchschnittlichen gewichteten Kapitalkosten WACC sind damit umso höher, je höher der risikolose Zins, je höher der unternehmensindividuelle Aufschlag auf die risikolosen Zinsen und je höher die Eigenkapitalquote ist. Für Unternehmen mit negativer Nettoverschuldung, bei denen die Summe aus liquiden Mitteln und marktgängigen Wertpapieren abzüglich der zinstragenden kurz- und langfristigen Verbindlichkeiten größer ist als null, errechnen sich die gewichteten durchschnittlichen Kapitalkosten, indem man negative Zinssätze für die Nettofinanzposition ansetzt.

Beispiel

Unser bislang unverschuldeter Autozulieferer begibt in der Periode t eine Anleihe mit einer Laufzeit von sieben Jahren und einem Emissionsvolumen von 100,0 Mio. €. Da sie unverändert in der Nähe ihres Nennwertes notiert, liegen Nominal- und Effektivverzinsung bei jeweils 7,5 %. Die Marktkapitalisierung der börsennotierten Gesellschaft beläuft sich auf 150,0 Mio. €. Das Unternehmen weist einen durchschnittlichen Grenzsteuersatz von 31,0 % auf. Die Kosten des Eigenkapitals liegen (wie wir oben berechnet haben) bei 9,6 %. Per Saldo ergeben sich gewichtete durchschnittliche Kapitalkosten $WACC_t$ in Höhe von:

$$WACC_t = 0{,}096\frac{150{,}0}{150{,}0+100{,}0} + 0{,}075(1-0{,}31)\frac{100{,}0}{150{,}0+100{,}0} = 7{,}8\ \%$$

In der Regel werden sich bei einem Unternehmen die Kapitalstrukturen im Zeitablauf verändern – etwa weil Unternehmensbestandteile ver- oder gekauft werden, die Gesellschaft einen Restrukturierungsprozess durchläuft oder Erträge thesauriert werden. Deshalb wäre es problematisch, für alle Jahre des Bewertungsmodells identische Diskontierungssätze anzulegen. Ein Gleichgewichtszustand tritt erst in der Steady-State-Phase ein, wenn sich das Beta in der Nähe des Marktportefeuilles stabilisiert, also etwa bei 1, und sich auch die Kapitalstrukturen des betrachteten Unternehmens nicht mehr von ihren Industriedurchschnitten unterscheiden. Obwohl es nicht besonders arbeitsaufwendig ist, periodenspezifische Diskontierungssätze zu verwenden, unterbleibt ihre Berechnung in der Praxis meist – was insbesondere im Zeitalter unlimitierter Rechnerkapazitäten fragwürdig erscheinen muss. Die Formel, mit deren Hilfe der kumulative Diskontierungssatz einer bestimmten Periode ermittelt wird, lautet:

$$\text{WACC}_{t+i} = \prod_{i=1}^{n}(1+\text{WACC}_{t+i})-1$$

Beispiel

Um die Eigenkapitalkosten unseres Autozulieferers zu schätzen, gehen wir davon aus, dass sich sein Beta von 1,6 über die nächsten sechs Jahre sukzessive dem durchschnittlichen Branchen-Beta von 1,0 annähert. Wir unterstellen im Zeitablauf einen konstanten risikolosen Zinssatz von 2,1 % und eine konstante Risikoprämie von 4,7 %. Die Kosten des Fremdkapitals ermitteln wir aus der von dem Autozulieferer begebenen Unternehmensanleihe (BBB-Rating), die derzeit mit 7,5 % rentiert. Als Zieleigenkapitalquote strebt das Management einen branchentypischen Wert von 75,0 % an. Der Faktor, mit dem die Cashflows der einzelnen Jahre zu diskontieren sind, ergibt sich aus folgendem Zusammenhang:

	$t+1$	$t+2$	$t+3$	$t+4$	$t+5$	$t+6$
$ß$	1,5	1,4	1,3	1,2	1,1	1,0
r_f	2,1 %	2,1 %	2,1 %	2,1 %	2,1 %	2,1 %
r_p	4,7 %	4,7 %	4,7 %	4,7 %	4,7 %	4,7 %
r_{EK}	9,2 %	8,7 %	8,2 %	7,7 %	7,3 %	6,8 %
r_{Debt}	7,5 %	7,5 %	7,5 %	7,5 %	7,5 %	7,5 %
τ	31,0 %	31,0 %	31,0 %	31,0 %	31,0 %	31,0 %
$r_{Debt}(1-\tau)$	5,2 %	5,2 %	5,2 %	5,2 %	5,2 %	5,2 %
$\frac{\text{Debt}_0}{\text{Debt}_0+\text{EK}_0}$	37,5 %	35,0 %	32,5 %	30,0 %	27,5 %	25,0 %
WACC	7,7 %	7,5 %	7,2 %	7,0 %	6,7 %	6,4 %
WACC_{kum}	7,7 %	15,7 %	24,0 %	32,7 %	41,6 %	50,6 %

Lesebeispiel: Zur Bestimmung ihres Barwerts sind die Cashflows des Jahres $t+5$ durch $1+0{,}416=1{,}416$ zu dividieren.

Einflussfaktoren auf den Terminal Value Zur weiteren Modellierung des Lebenszyklus gehen wir davon aus, dass das zu bewertende Unternehmen nach der Detailplanungsphase in eine Übergangsphase eintritt, in der sich die Wachstumsraten sukzessive denen eines „reifen" Unternehmens annähern. Das Lebenszyklusmodell bringt es dabei mit sich, dass die Wachstumsraten jedes Jahres unter denen des jeweiligen Vorjahres liegen, und zwar so lange, bis die Wachstumsrate des Gleichgewichtszustands erreicht wird. Die Länge der Übergangsphase sollte so gewählt werden, dass das Unternehmen an deren Ende einen stabilen Zustand erreicht hat, in dem es einem vorhersehbaren Wachstumspfad folgt: Alle heute bekannten Investitionsprogramme, Markterschließungen und Produktneueinführungen, die ein überdurchschnittliches Wachstum versprechen, sollen in der Detail- und Übergangsplanungsphase abgebildet werden.

Der Wert der Cashflow-Ströme nach der Übergangsphase wird im Endwert, Restwert, Fortführungswert oder angelsächsisch Terminal Value bzw. Steady State zusammengefasst, verschiedene Begriffe für dasselbe theoretische Konstrukt, das als eigenkapitalspezifisches Äquivalent zum Rückzahlungsbetrag einer Anleihe angesehen werden kann. Für seine Ermittlung stehen sich in der Bewertungspraxis zwei Ansätze gegenüber: Beim Liquidationswertverfahren wird angenommen, dass das Unternehmen nach dem Erreichen der Reifephase (die im Folgenden durch das Suffix R gekennzeichnet wird) zerschlagen wird und seine Vermögenswerte zum Restbuchwert verkauft werden. Zur Ermittlung des Liquidationswertes müssen die Restbuchwerte der Vermögensgegenstände, die zum Ende des Planungshorizonts vorhanden sind, geschätzt und in Richtung der Tages- bzw. Marktwerte korrigiert werden, immaterielle Vermögenswerte wie Markenname oder der Wert des Going Concern bleiben unbewertet. Die Problematik dieser Vorgehensweise liegt auf der Hand, sodass wir uns besser der alternativen Vorgehensweise zuwenden, bei der wir von einem Going Concern des Unternehmens ausgehen; in diesem Fall kann der Terminal Value entweder über die Beziehung

$$\mathrm{TV}_n = \frac{\mathrm{FCFE}_{n+1}}{r_{\mathrm{EK,R}} - g_{\mathrm{R}}}, \quad \text{für} \quad r_{\mathrm{EK,R}} > g_{\mathrm{R}}$$

oder über

$$\mathrm{TV}_n = \frac{\mathrm{FCFF}_{n+1}}{\mathrm{WACC}_{\mathrm{R}} - g_{\mathrm{R}}}, \quad \text{für} \quad \mathrm{WACC}_{\mathrm{R}} > g_{\mathrm{R}}$$

ermittelt werden, je nachdem, ob Free Cashflows to Equity (FCFE) oder Free Cashflows to the Firm (FCFF) verwendet werden. Aus beiden Formeln folgt, dass der Terminal Value umso höher ist, je höher die erwirtschafteten Cashflows und ihre zukünftigen Wachstumsraten sind und je niedriger die geforderten Kapitalkosten sind. Darüber hinaus ist der Unternehmenswert in der Steady-State-Phase umso höher, je geringer die Differenz zwischen den Kapitalkosten und den langfristigen Wachstumsraten ist. Beide Berechnungen stehen und fallen mit der Genauigkeit, mit der die langfristige Wachstumsrate g_R vorhergesagt werden kann. Kurzfristig kann die Wachstumsrate z. B. von einer Veränderung der Umsatzproduktivität beeinflusst werden. Für ein Einzelhandelsunternehmen wären Faktoren wie Marktanteil, die Geschwindigkeit, mit der neue Filialen eröffnet werden, die Erlöse auf vergleichbarer Fläche oder auch die Fähigkeit, höhere Preise durchzusetzen als die Wettbewerber, relevant für die kurzfristige Ertrags- oder Dividendenwachstumsrate. Langfristig gelten jedoch andere Regeln. Langfristig müssen sich die unterstellten Wachstumsraten aufgrund der Unendlichkeit des Modells an den langfristig erwarteten Wachstumsraten des realen Bruttoinlandsprodukts der Länder orientieren, in denen das Unternehmen den Schwerpunkt seiner Geschäftstätigkeit hat. Höhere Wachstumsraten als diese lassen sich auf Sicht der Ewigkeit nicht aufrechterhalten.

Da es sich bei dieser Wachstumsrate um ein langfristig erzielbares Wachstum handelt, muss die für die Berechnung des Terminal Value anzulegende Wachstumsrate dem aktuellen risikolosen Zinssatz entsprechen. Dass die korrekte Näherungsgröße für langfristiges Wachstum die risikolose Verzinsung ist, mag überraschen. Doch auf den zweiten Blick wird klar, dass letztlich der risikolose Zins nichts anderes ist als die Summe aus Inflations- und (realer) Wachstumserwartung einer Gesellschaft. Zwischen einer risikolosen Anlage und der Wachstumserwartung einer Ökonomie besteht damit ein unauflösbarer Zusammenhang: In Zeiten der Rezession mit niedrigen Nominalzinsen (und entsprechend niedrigen Diskontierungssätzen) können für den Terminal Value nicht zugleich Wachstumsraten angelegt werden, die vom allgemeinen Pessimismus abgekoppelt und deutlich höher sind. Demgegenüber fungieren die hohen Zinsen in Boomphasen als Korrektiv zu den vorherrschenden Wachstumserwartungen im Steady State. Ein Unternehmensbewerter also, der in Rezessionszeiten Wachstumserwartungen aus der vorhergehenden Boomphase übernimmt, darf sich nicht wundern, wenn ihm der Kapitalmarkt in seiner Breite dramatisch unterbewertet erscheint.

Hintergrund

Doch in der Tat ist dieser grundlegende Zusammenhang in den wenigsten Broker Reports zu finden. Vielmehr werden langfristige Wachstumsraten angelegt, die von der aktuellen makroökonomischen Gesamtlage vollkommen abgekoppelt sind. Dass in den Kurszielen, die sich daraus ergeben, gerade in Niedrigzinsphasen erhebliche Kurspotenziale abgeleitet werden, sollte uns nicht länger wundern.

Es liegt nahe, dass der Anteil des Terminal Value am gesamten Unternehmenswert umso größer ist, je kürzer die ersten beiden Phasen gewählt werden. Doch nicht nur die Länge der Prognoseperiode ist ausschlaggebend für den Anteil der Steady-State-Phase am gesamten Unternehmenswert. Gerade bei jungen Wachstumswerten, die während der Detailplanungs- oder Übergangsphase negative Cashflows aufweisen, kann es vorkommen, dass sogar mehr als 100 % des Unternehmenswertes aus dem Terminal Value erklärt werden. Häufig wird in diesen Fällen die hohe Bedeutung des Terminal Value zum Anlass genommen, das DCF-Konzept an sich als fragwürdiges Bewertungsverfahren abzustempeln: Als eine zu leicht manipulierbare Größe müssten die Parameter des Terminal Value lediglich geringfügig modifiziert werden, und das vom Bewerter gewünschte Ergebnis werde sich schon einstellen. Diese Kritik ist allerdings ungerechtfertigt. Dass ein Großteil des Unternehmenswertes dem Terminal Value entstammt, ist kein Nachteil, sondern die Grundlage jeder Unternehmensbewertung. Schließlich hat der Terminal Value auch zu früheren Zeitpunkten der Unternehmensbewertung einen hohen Anteil des gesamten Unternehmenswertes ausgemacht.

Beispiel

Unser Autozulieferer konnte eine innovative Produktreihe zum Patent anmelden. Das Management glaubt, damit gegenüber dem Wettbewerb einen Entwicklungsvorsprung von fünf Jahren aufgebaut zu haben. Wir bewerten das Unternehmen daher anhand eines Dreiphasenmodells: Am Anfang steht eine fünfjährige Wachstumsphase, in der die Umsätze mit 25,0 % pro Jahr steigen sollen:

€ Mio.	$t+1$	$t+2$	$t+3$	$t+4$	$t+5$
Umsatz	125,0	156,3	195,3	244,1	305,2
YoY	25,0 %	25,0 %	25,0 %	25,0 %	25,0 %

Es folgt eine fünfjährige Übergangsphase, in der sich das Umsatzwachstum sukzessive dem Wachstum der langfristigen Reifephase annähert. Während der Reifephase sollen die Erlöse mit jährlich durchschnittlich 2,1 % pro Jahr wachsen, dem aktuellen risikolosen Zinssatz.

€ Mio.	$t+6$	$t+7$	$t+8$	$t+9$	$t+10$
Umsatz	367,5	425,7	473,6	505,3	515,9
YoY	20,4 %	15,8 %	11,3 %	6,7 %	2,1 %

In der vergangenen Periode t hat das Unternehmen Erlöse in Höhe von 100,0 Mio. € erwirtschaftet. Durch die neue Produktreihe ist es ihm gelungen, die Quote der betrieblichen Aufwendungen zum Umsatz auf 60,0 % zu drücken, was einer EBIT-

Marge von 40,0 % entspricht. Es ist damit zu rechnen, dass sich die operativen Margen durch eine stetige Intensivierung des wettbewerblichen Umfelds auf branchentypische 25,0 % verringern werden. Die Steuerquote liegt während des gesamten Betrachtungszeitraums bei 31,0 %. Damit ergibt sich folgende Übersicht über die operative Ertragslage des Unternehmens während der Detailplanungsphase:

€ Mio.	$t+1$	$t+2$	$t+3$	$t+4$	$t+5$
EBIT	50,0	62,5	78,1	97,7	122,1
Marge	40,0 %	40,0 %	40,0 %	40,0 %	40,0 %
$EBIT(1-\tau)$	34,5	43,1	53,9	67,4	84,2
YoY	25,0 %	25,0 %	25,0 %	25,0 %	25,0 %

bzw. während der Grobplanungsphase:

€ Mio.	$t+6$	$t+7$	$t+8$	$t+9$	$t+10$
EBIT	136,0	144,7	146,8	141,5	129,0
Marge	37,0 %	34,0 %	31,0 %	28,0 %	25,0 %
$EBIT(1-\tau)$	93,8	99,9	101,3	97,6	89,0
YoY	11,4 %	6,4 %	1,4 %	−3,6 %	−8,8 %

Das investierte Kapital CE lag gegen Ende des Basisjahres t bei 85,0 Mio. €. Wir unterstellen, dass im gesamten Zyklus 7,5 % des Umsatzwachstums für Investitionen in das Working Capital ΔWC bereitgestellt werden müssen. Die Nettoinvestitionen in das Sachanlagevermögen I_n wachsen während der ersten fünf Jahre mit 20,0 % pro Jahr:

€ Mio.	$t+1$	$t+2$	$t+3$	$t+4$	$t+5$
CE_{AB}	85,0	92,9	102,4	114,0	128,0
I_n	6,0	7,2	8,6	10,4	12,4
ΔWC	1,9	2,3	2,9	3,7	4,6
CE_{EB}	92,9	102,4	114,0	128,0	145,0

Während der Übergangsphase nähern sie sich ihrem langfristigen Wachstumspfad an:

€ Mio.	$t+6$	$t+7$	$t+8$	$t+9$	$t+10$
CE_{AB}	145,0	161,9	178,3	194,0	209,0
I_n	12,2	12,0	12,1	12,6	13,5
ΔWC	4,7	4,4	3,6	2,4	0,8
CE_{EB}	161,9	178,3	194,0	209,0	223,3

Zum einen können wir aus diesen Angaben unmittelbar die Rendite auf das eingesetzte Kapital bestimmen, für die Detailplanungsphase also:

€ Mio.	$t+1$	$t+2$	$t+3$	$t+4$	$t+5$
$EBIT(1-\tau)$	34,5	43,1	53,9	67,4	84,2
CE_{AB}	85,0	92,9	102,4	114,0	128,0
ROCE	40,6 %	46,4 %	52,6 %	59,1 %	65,8 %

und für die Grobplanungsphase:

€ Mio.	$t+6$	$t+7$	$t+8$	$t+9$	$t+10$
$EBIT(1-\tau)$	93,8	99,9	101,3	97,6	89,0
CE_{AB}	145,0	161,9	178,3	194,0	209,0
ROCE	64,7 %	61,7 %	56,8 %	50,3 %	42,6 %

Zum anderen können wir anhand der Nettoinvestitionen auch die FCFF bestimmen, also:

€ Mio.	$t+1$	$t+2$	$t+3$	$t+4$	$t+5$
$EBIT(1-\tau)$	34,5	43,1	53,9	67,4	84,2
I_n	6,0	7,2	8,6	10,4	12,4
ΔWC	1,9	2,3	2,9	3,7	4,6
FCFF	26,6	33,6	42,3	53,4	67,2

bzw.

€ Mio.	$t+6$	$t+7$	$t+8$	$t+9$	$t+10$
$EBIT(1-\tau)$	93,8	99,9	101,3	97,6	89,0
I_n	12,2	12,0	12,1	12,6	13,5
ΔWC	4,7	4,4	3,6	2,4	0,8
FCFF	77,0	83,5	85,6	82,6	74,7

Bei der Bestimmung der gewichteten durchschnittlichen Kapitalkosten gehen wir von einem Anfangswert von 7,6 % aus. Nach Beendigung der Wachstums- und Übergangsphase rechnen wir damit, dass der Autozulieferer Kapitalkosten haben wird, die denen anderer Unternehmen der Branche ähneln. Die Eigenkapitalquote liegt dann bei 75,0 %. Insgesamt ergibt sich damit folgende Entwicklung der Barwerte der FCFF:

	$t+1$	$t+2$	$t+3$	$t+4$	$t+5$
WACC	7,6 %	7,6 %	7,6 %	7,6 %	7,6 %
WACC_{kum}	7,6 %	15,7 %	24,4 %	33,8 %	44,0 %
PV(FCFF)	24,8	29,0	34,0	39,9	46,7

bzw.

	$t+6$	$t+7$	$t+8$	$t+9$	$t+10$
WACC	7,4 %	7,3 %	7,1 %	7,0 %	6,7 %
WACC_{kum}	54,7 %	66,0 %	77,8 %	90,2 %	103,0 %
PV(FCFF)	49,8	50,3	48,1	43,5	36,8

Summieren wir die Barwerte der Freien Cashflows, erhalten wir einen Wert von 402,8 Mio. €.

Nun betrachten wir den Terminal Value. Dieser ergibt sich relativ schnell aus

$$\text{TV} = \frac{\text{FCFF}_n(1+g_\text{R})}{\text{WACC}_\text{R} - g_\text{R}} = \frac{74,7(1+0,021)}{0,067-0,021} = 1.641,7$$

Sein Barwert liegt damit bei

$$\text{TV}_0 = \frac{\text{TV}}{1+\text{WACC}_{\text{kum,TV}}} = \frac{1.641,7}{2,030} = 808,6$$

Summieren wir die Teilwerte aus der Detail- und Übergangsphase sowie des Terminal Value, ergibt sich der Bruttounternehmenswert (inklusive Nettoverschuldung) unseres Autozulieferers:

$$\text{EV}_0 = 402,8 + 808,6 = 1.211,4$$

Subtrahieren wir nun noch den Marktwert der zinstragenden Verbindlichkeiten von 100,0 Mio. €, so erhalten wir den Wert des Eigenkapital V_0 in Höhe von 1.111,4 Mio. €.

Wenn das Überleben der Gesellschaft nicht sicher ist Allen Bewertungsmodellen gemeinsam ist die Annahme des Going Concern eines Unternehmens, also seiner fortwährenden Existenz. Junge, innovative Unternehmen mit risikobehafteten Geschäftsmodellen gehen jedoch mit einer höheren Wahrscheinlichkeit in einem überschaubaren Zeitraum in Insolvenz als etablierte Unternehmen mit stabilen

Cashflows. Gerade in rezessiven Zeiten, in denen der Zugang zu frischem Eigenkapital über die Börse ebenso limitiert ist wie die Aufnahme von Fremdkapital, können negative Cashflows die bestehenden Liquiditätsreserven rasch aufzehren. Das Überleben der Gesellschaft ist damit nicht sichergestellt.

Kann ein Going Concern des zu bewertenden Unternehmens nicht vorausgesetzt werden, wird dies insbesondere für das Konzept des Terminal Value problematisch. Dass ein Unternehmen für alle Ewigkeit weiter existieren muss, damit das Terminal-Value-Konzept korrekte Ergebnisse liefert, ist fast schon eine Tautologie. Geht das Unternehmen unter, nehmen – vom technischen Standpunkt der Unternehmensbewertung aus gesprochen – alle Cashflows, die danach anfallen, den Wert null an. Diese (und die anfallenden Insolvenzkosten) zu unterschlagen, würde zu einer systematischen Fehleinschätzung des Unternehmenswertes führen: Zum Beispiel existiert ein Unternehmen mit einer jährlichen Ausfallwahrscheinlichkeit von 2 % (was etwa einem Rating von *B* entspricht) nach einem Zeitraum von 20 Jahren nur noch mit einer Wahrscheinlichkeit von rund 66,8 %. Ein Unternehmen mit innovativen Produkten und einem großen Marktpotenzial, das einen hohen Anteil seines Unternehmenswertes aus dem Terminal Value generiert, könnte also unter Umständen niemals in diese Phase seines Lebenszyklus eintreten, einfach weil es vorher insolvent wird. Im Insolvenzfall kann damit der Terminal Value nicht mehr anhand der erwarteten Cashflows berechnet werden, sondern nur noch über den Liquidationswert des Unternehmens, also den Betrag, der aus einer Zerschlagung des Unternehmens und der Einzelveräußerung aller Vermögensgegenstände im Form des Notverkaufs erzielt werden könnte.

In dieselbe Kerbe schlägt das Argument, dass manche Unternehmen keinen Terminal Value aufweisen, etwa weil sie keine langfristigen Vermögenswerte ihr Eigen nennen, sondern nur kurzfristige. Ein Beispiel sind Filmlizenzen, die nach einer befristeten Auswertungsperiode automatisch an den Rechteinhaber zurückfallen. In dieser (zugegeben eher seltenen) Konstruktion ergibt sich der Wert des Unternehmens allein aus der Diskontierung der identifizierbaren Cashflows während der Detail- bzw. Grobplanungsphase.

Hintergrund

Empirischen Untersuchungen zufolge liegt die jährliche Insolvenzquote von neu gegründeten Unternehmen bei rund 10 %. Statistisch gesehen ist also nach spätestens fünf Jahren jede zweite Neugründung vom Markt verschwunden. Da die Steady-State-Phase bei Wachstumsunternehmen eine größere Rolle spielt als bei anderen Unternehmen, gilt es, die Überlebenswahrscheinlichkeit kritisch einzuschätzen.

Letztlich ist die Insolvenzwahrscheinlichkeit vor allem bei sehr jungen Unternehmen bewertungsrelevant, die noch nicht in die Liquidität generierende Phase des Lebenszyklus eingetreten sind. Für sie könnte man einen Bewertungsabschlag gegenüber dem aus dem Bewertungsverfahren ermittelten Unternehmenswert rechtfertigen, in dem sich die Insolvenzwahrscheinlichkeit widerspiegelt. Bei reifen, Cash-positiven Unternehmen eine Insolvenzwahrscheinlichkeit einzupreisen, hätte dagegen eine Doppelzählung des Risikos zur Folge.

Bei negativen Cashflows weisen DCF-Modelle übrigens einen methodischen Defekt auf: Während höhere Diskontierungssätze bei positiven Cashflows automatisch zu einem geringeren Unternehmenswert führen, ist bei negativen Cashflows das genaue Gegenteil der Fall: Je höher der Diskontierungsfaktor, desto geringer ist die negative Auswirkung der negativen Cashflows auf den Barwert der Cashflows und desto höher ist damit der Unternehmenswert – ein eklatanter Widerspruch zur Risikoaversion der Aktionäre. Als Ausweg bietet es sich an, negative Cashflows mit anderen Diskontierungssätzen abzuzinsen als positive.

Noch mehr über den Terminal Value Damit ein Unternehmen das im Terminal Value unterstellte Wachstum langfristig aufrechterhalten kann, muss man Annahmen über die Nettoinvestitionen treffen, da sich diese in der Steady-State-Phase von den vorhergehenden Wachstumsphasen unterscheiden. Hierfür machen wir uns die oben genannten Beziehungen $g_{\text{FCFF}} = \varepsilon\text{ROCE}$ bzw. $g_{\text{FCFE}} = \varepsilon\text{ROE}$ zunutze, die wir jeweils nach der Investitionsquote ε auflösen:

$$\varepsilon = \frac{g_{\text{FCFF}}}{\text{ROCE}}$$

bzw.

$$\varepsilon = \frac{g_{\text{FCFE}}}{\text{ROE}}$$

Ein Unternehmen mit einem konstanten langfristigen Unternehmenswachstum von 3 % und einer erwarteten Eigenkapitalrendite (Gesamtkapitalrendite) von 15 % hätte demnach ein Fünftel seines Nettoergebnisses (operativen Ergebnisses) dauerhaft in Sachanlagevermögen und Working Capital zu investieren, um das zukünftige Unternehmenswachstum wertneutral zu finanzieren.

Welche Profitabilitätskennzahlen sollte man im Terminal Value unterstellen? Die mikroökonomische Theorie lehrt, dass ein Unternehmen nur während der sogenannten Competitive Advantage Period (CAP) in der Lage ist, Mehrwerte zu generieren, also operative Rentabilitätskennzahlen, die die geforderten Mindestrenditen der Kapitalgeber (r_{EK} bzw. WACC) substanziell übersteigen. Früher oder später wird der Wettbewerb an den Produkt-, Faktor- und Kapitalmärkten dafür sorgen, dass die erzielbare Eigenkapitalrendite auf das Niveau der Eigenkapitalkosten gedrückt wird. In diesem Schumpeter'schen Umfeld der kreativen Zerstörung von Wettbewerbsvorteilen ist die Erzielung von Überrenditen eine anspruchsvolle Aufgabe, die nur wenigen Unternehmen dauerhaft gelingt. Im langfristigen Gleichgewichtszustand ist langfristig wertschaffendes ebenso wie langfristig wertvernichtendes Wachstum daher nur schwer vorstellbar: Wie sollte es einem Unternehmen auch möglich sein, bis in alle Ewigkeit Investitionsalternativen auszumachen, deren Renditen die seiner Wettbewerber – und auch die ihnen zugrunde liegenden Kapitalkosten – Jahr für Jahr übersteigen? Auch der entgegengesetzte Fall ist kaum möglich, da dann der Unternehmenswert gegen null tendieren würde. Schließt man sich der Auffassung an, dass Unternehmen in der Reifephase keine Über- oder Unterrenditen mehr erwirtschaften können, kann die Botschaft nur heißen, im Terminal Value die ROCE den WACC (FCFF-Fall) bzw. die ROE den r_{EK} (FCFE-Fall) gleichzusetzen.

Doch keine Regel ohne Ausnahmen. Immer wieder finden wir Unternehmen, die auch auf sehr lange Sicht höhere Profitabilitätskennzahlen aufweisen als ihre Wettbewerber. Es sind genau diese Unternehmen, nach denen beispielsweise Warren Buffett, der vermutlich erfolgreichste Value Investor der Welt, Ausschau hält. Unternehmen mit andauernden Wettbewerbsvorteilen nennt er „economic moats", ökonomische Burggräben also. Je tiefer die Burggräben sind, desto besser gelingt es einem Unternehmen, die Wettbewerber in Schach zu halten und desto länger kann es Renditen erzielen, die höher sind als die zu ihrer Erzielung hinzunehmenden Kapitalkosten. Derartige ökonomische Burggräben resultieren vielfach aus immateriellen Vermögensgegenständen wie Markenmacht, Patenten und regulatorischen Gesetzmäßigkeiten, aus dem Vorteil des Ersten, ein Geschäftsfeld besetzt (First-Mover-Advantage) bzw. einen Industriestandard etabliert zu haben, sowie aus kompetitiven Kostenvorteilen – für Warren Buffett letztlich der entscheidendste Faktor zum Schürfen eines Burggrabens: „*But the ultimate key to the company's success is its rock-bottom operating costs, which virtually no competitor can match*" (Buffett 1995). In diesen seltenen Fällen kann der Bewerter auch während der Steady-State-Phase Rentabilitätskennzahlen ansetzen, die die jeweiligen Kapitalkosten übersteigen – wenigstens in einem begrenzten Ausmaß.

Vom Enterprise Value zum Equity Value Der Bruttounternehmenswert oder Enterprise Value EV_0 repräsentiert im Allgemeinen denjenigen Wert, den ein Investor zahlen muss, um das Unternehmen frei von Finanzverbindlichkeiten und liquiden Mitteln zu erwerben. Vom Enterprise Value sind daher für die Ermittlung des Equity Value die Ansprüche der Fremdkapitalgeber, repräsentiert durch den Marktwert der zinstragenden Bruttoverschuldung, abzuziehen. Zu diesen

Ansprüchen zählen insbesondere Unternehmensanleihen, Gesellschafterdarlehen (sofern verzinslich), Verbindlichkeiten gegenüber Kreditinstituten, gegenüber verbundenen Unternehmen und gegenüber Unternehmen, mit denen ein Beteiligungsverhältnis besteht, Genussrechte und Wechselverbindlichkeiten. Nicht in das verzinsliche Fremdkapital gehen dagegen Verbindlichkeiten aus Lieferungen und Leistungen ein, Steuerverbindlichkeiten, Pensions- und andere Rückstellungen sowie die sonstigen Verbindlichkeiten, sofern sie explizit als nicht zinstragend ausgewiesen wurden.

Sind die zinstragenden Finanzverbindlichkeiten börsennotiert, etwa im Fall eines Corporate Bonds, entspricht ihr Buchwert auch ihrem Marktwert. Ist dies nicht der Fall – und dies dürfte mehrheitlich so sein –, sind zur Berechnung ihres Marktwertes theoretisch die Zinszahlungsströme der Verbindlichkeiten mit einem Zinssatz zu diskontieren, der den Marktzinsen vergleichbarer börsennotierter Verbindlichkeiten entspricht. Näherungsweise kann auch der Buchwert der Verbindlichkeiten verwendet werden, wenn die Anleihe vor noch nicht langer Zeit emittiert worden ist, und auch bei variabel verzinslichen Anleihen entspricht der Marktwert dem Buchwert, zumindest solange sich das Risikoprofil des Unternehmens nach der Anleiheemission nicht strukturell verändert hat, wenn also zum Beispiel das Rating der Anleihe unverändert geblieben ist. Schließlich können auch sonstige Verbindlichkeiten zu den Finanzverbindlichkeiten zählen, wenn sie beispielsweise Hedging-Instrumente beinhalten.

Demgegenüber ist der Kassenbestand des Unternehmens, also die Summe aus Bankguthaben, Kassenbeständen und nicht betriebsnotwendigen Finanzanlagen (z. B. marktgängige Wertpapiere), von der Bruttoverschuldung abzuziehen. Genau genommen ist nur jener Teil des Kassenbestands abzuziehen, der nicht zur Aufrechterhaltung des operativen Betriebs erforderlich ist und theoretisch für eine Ausschüttung an die Aktionäre zur Verfügung steht.

Kompliziert wird die Berechnung, wenn der Kassenbestand eines Unternehmens mit einer Rendite verzinst wird, die nicht marktgängig ist. Während Blue Chips mit eigener Treasury-Abteilung stets in der Lage sind, die jeweils aktuellen Marktkonditionen abzurufen, ist dies bei den kleineren oder selbst mittelständisch geprägten Gesellschaften zumeist nicht der Fall. Sie weisen dann häufig eine Verzinsung ihres Excess Cash auf, die deutlich unter den Renditen von Bundesanleihen oder vergleichbaren risikofernen Kapitalanlagen liegt. Nicht betriebsnotwendige Kassenbestände zu halten, vernichtet dann Werte, was einen Abschlag in der Ermittlung des Excess Cash zur Folge haben muss.

Meistens wird in der praxisorientierten Unternehmensbewertung nur die Nettoverschuldung vom Enterprise Value subtrahiert, um zum Wert des Eigenkapitals zu gelangen. Dabei sind noch weitere Positionen zu berücksichtigen. An erster

Stelle zu nennen sind hierbei die Ansprüche Dritter auf die Gewinne eines nicht zu 100 % gehaltenen Tochterunternehmens, die sogenannten Minderheitsanteile, die eindeutig Fremdkapitalcharakter haben. Weder die Ertragsströme von Beteiligungen unter 20 %, die mit ihrem Beteiligungsbuchwert aus dem Einzelabschluss in die Konzernbilanz eingehen, noch *at-equity* konsolidierte Minderheitsbeteiligungen zwischen 20 und 50 %, die mit dem anteiligen Eigenkapital des Beteiligungsunternehmens in der Konzernbilanz verbucht werden, gehen in den operativen Cashflow der Muttergesellschaft und damit in ihre Bewertung ein. Aus diesem Grund sind die Marktwerte der nicht vollkonsolidierten Tochtergesellschaften gesondert zu ermitteln und zu dem aus rein operativen Vermögenswerten ermittelten Enterprise Value hinzuzuzählen (bzw. bei negativen Unternehmenswerten abzuziehen).

Relativ trivial ist diese Rechnung bei börsennotierten Beteiligungen, da wir hier nur den Börsenkurs quotal ansetzen müssen. Auch im Fall von zum Verkauf stehenden Beteiligungen ist der Ansatz meist unproblematisch, da diese in den Jahresabschluss mit einer Mark-to-market-Bewertung eingehen. Komplizierter ist dagegen eine Bewertung bei unbefristeten Beteiligungen, die gemäß IFRS mit ihren At-cost-Werten zu aktivieren sind, also mit ihren Anschaffungs- und Herstellkosten. Diese historischen Buchwerte haben nur wenig mit der ökonomischen Realität zu tun. Stattdessen sind eigenständige Bewertungsüberlegungen anzustellen, was je nach Anzahl und Bedeutung der Gesellschaften sehr zeitaufwendig sein kann.

Neben den nicht vollkonsolidierten Töchtern gibt es auch jene, die zwar vollkonsolidiert werden, an denen die Muttergesellschaft aber nicht 100 % der Anteile besitzt. Die Aktiva und Passiva dieser Unternehmen werden nicht mehr unter den Finanzanlagen geführt, sondern gehen vollständig im Abschluss der Muttergesellschaft auf. Damit werden Vermögenswerte in den Konzernabschluss einbezogen, die der Muttergesellschaft nur zu einem Teil gehören. Von dem auf Basis des Konzernabschlusses ermittelten Unternehmenswert sind daher die Marktwerte der Minderheitsanteile zu subtrahieren. Da auch hier in der Bilanz nur fortgeführte Buchwerte auftauchen, sind auch ihre Marktwerte in einem separaten Bewertungsverfahren zu bestimmen.

Neben Minderheitsbeteiligungen sind auch Pensionsrückstellungen bei der Berechnung des Equity Value zu berücksichtigen, die gerade bei traditionellen Industriekonzernen von erheblicher Bedeutung sein können. Pensionsrückstellungen sind Rückstellungen für Verpflichtungen aus der betrieblichen Altersversorgung eines Unternehmens. Sie werden als attraktive, weil zins- und mitsprachefreie Möglichkeit der Innenfinanzierung angesehen und (zumindest hierzulande) kaum in Pensionsfonds ausgelagert. Im Falle dieser *Unfunded Pension Plans* stellen Pensionsrückstellungen einen Anspruch der Mitarbeiter an ihr Unternehmen dar und haben Schuldcharakter, denen kein deckungsgleicher Aktivwert in der Bilanz gegenübersteht. Da Pensionsrückstellungen in voller Höhe zur Verfügung stehen, ist bei deutschen Unternehmen auch ihr voller Betrag für die Berechnung des Enterprise Value anzusetzen und nicht, wie verschiedentlich gefordert wird, lediglich ihre Unterdeckung.

Im abschließenden Bewertungsschritt ist der Marktwert der nicht-operativen Vermögenswerte in die Berechnung des Unternehmenswertes einzubeziehen, da deren potenzielle Verkaufserlöse zwar für eine Ausschüttung an Eigenkapitalgeber zur Verfügung stehen, jedoch nicht in die bisherige Unternehmensbewertung eingegangen sind. Häufig verfügen Unternehmen über eine ganze Reihe nicht-betriebsnotwendiger Vermögenswerte, darunter brach liegende Grundstücke oder spekulative Vorratsbestände, also Vorräte, deren erwartete Spekulationsgewinne nicht im Liquiditätszufluss berücksichtigt wurden und die nicht erforderlich sind, um einen nachhaltig gesicherten Geschäftsbetrieb aufrechtzuerhalten.

In eine ähnliche Kategorie fällt – falls vorhanden – der Barwert steuerlicher Verlustvorträge, der als wertsteigernde Position in die Unternehmensbewertung aufzunehmen ist. Für in Deutschland ansässige Unternehmen wird bei der Berechnung des Wertes der Verlustvorträge unterstellt, dass ein potenzieller Investor nicht die Mehrheit des Unternehmens übernehmen will, da Verlustvorträge in diesem Fall vollständig untergehen würden. Unternehmen mit steuerlichen Verlustvorträgen müssen keine bzw. nur eine reduzierte Steuerlast tragen, bis ihre Verlustvorträge aufgebraucht sind. Je weiter der Verlustvortrag aufgebraucht ist, desto stärker nähert sich die effektive Steuerquote dem Grenzsteuersatz an. Körperschaftssteuerliche wie auch gewerbesteuerliche Verlustvorträge wirken sich daher, sofern von einem Going Concern des Unternehmens ausgegangen werden kann, positiv auf die Unternehmensbewertung aus. Dieser Effekt liegt in der zukünftigen Verrechnung mit zukünftigen Gewinnen und einer entsprechend verringerten Steuerbelastung begründet: So können in Deutschland nicht ausgeglichene Verluste in den folgenden Veranlagungszeiträumen bis zu einem Gesamtbetrag der Einkünfte von 1,0 Mio. € unbeschränkt, darüber hinaus bis zu 60 % des 1,0 Mio. € übersteigenden Gesamtbetrags der Einkünfte vorrangig vor Sonderausgaben, außergewöhnlichen Belastungen und sonstigen Abzugsbeträgen abgezogen werden. Die Bemessungsgrundlage von Körperschafts- und Gewerbesteuer wird in der Bewertungspraxis vereinfachend als identisch angesetzt. Die Diskontierung erfolgt anhand der Eigenkapitalkosten des Unternehmens, da von einer Steuerersparnis ausschließlich Eigenkapitalgeber profitieren.

Durch diese Anpassungsmaßnahmen sind die Ansprüche sämtlicher Anteilseigner am Unternehmen abgedeckt. Um aus dem Enterprise Value den Wert des Eigenkapitals zu ermitteln, sind neben dem Marktwert der Nettoverschuldung ND_0 auch der Anspruch der Mitarbeiter über den Marktwert der Pensionsrückstellun-

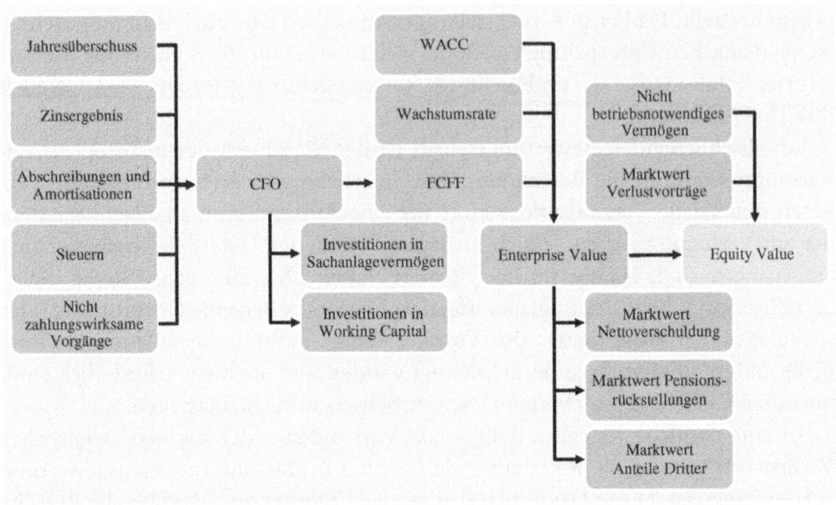

Abb. 2.4 FCFF-Konzept im Überblick

gen PR_0 und die Ansprüche der Minderheitsgesellschafter über den Marktwert der Anteile Dritter MI_0 abzuziehen. Hinzuzurechnen ist dagegen der Marktwert der Verlustvorträge VV_0 sowie der nicht betriebsnotwendigen Vermögensbestandteile NOA_0. Per Saldo ergibt sich der Wert des Eigenkapitals V_0 aus folgender Formel:

$$V_0 = EV_0 - ND_0 - PR_0 - MI_0 + VV_0 + NOA_0$$

In Abb. 2.4 ist nochmals die Ableitung des Equity Value aus dem FCFF-Konzept dargestellt.

Unter bestimmten Umständen kann der Equity Value auch negativ werden, nachdem man sämtliche Positionen vom Enterprise Value subtrahiert hat. Gesetzt den Fall, dass alle Komponenten richtig berechnet wurden, ist ein negativer Marktwert des Eigenkapitals eine absurde Vorstellung, da dieser im Grunde mit einer Nachschusspflicht der Aktionäre verbunden wäre.

Kritik an DCF-Modellen Es ist in der akademischen Fachwelt unbestritten, dass DCF-Modelle die theoretisch korrekte Methode sind, Unternehmen zu bewerten. Die kapitalmarktbasierte Ermittlung der erwarteten Eigen- und Gesamtkapitalrenditen ermöglicht es, die Opportunitätskosten zu bestimmen, die mit einem Unternehmenserwerb verbunden sind, unabhängig von der subjektiven Risikopräferenz des Bewerters. Als Ergebnis erhalten wir einen inneren, intrinsischen Unternehmenswert. Die Methodik des DCF-Verfahrens ist transparent, die Interpretation der Bewertungsergebnisse problemlos.

Neben der methodischen Präzision und der Anschaulichkeit des Ergebnisses sind DCF-Modelle außerordentlich flexibel: Mit ihnen können große Unternehmen bewertet werden und kleine, profitable ebenso wie unprofitable, Wachstumsunternehmen in der Frühphase ebenso wie reife Unternehmen in der Spätphase ihres Lebenszyklus. Immer steht der Liquiditätszufluss im Vordergrund und nicht eine von Ermessensentscheidungen abhängige Größe wie der buchhalterische Gewinn. Auch sind Cashflows ein zuverlässiger Indikator für die Wertschöpfung eines Unternehmens, der kaum buchhalterischen Entscheidungen unterliegt.

Der größte Vorteil eines kapitaltheoretischen Verfahrens wie dem DCF-Modell liegt allerdings darin, dass sich der Investor intensiv mit dem zu bewertenden Unternehmen und seiner Branche beschäftigen muss. In der Praxis ist dies aber auch ein nicht zu unterschätzender Nachteil. Denn Aufbau und Pflege von DCF-Modellen anhand von Excel-Tabellen sind in höchstem Maße arbeits- und zeitaufwendig. Während der Berichtssaison, in der häufig mehrere Unternehmen taggleich ihre Quartalsberichte veröffentlichen, ist es kaum möglich, die teils sehr umfangreichen Excel-Tabellen zeitgleich zu aktualisieren und eine schnelle Einschätzung darüber abzugeben, inwieweit Prognoseabweichungen den ermittelten Unternehmenswert beeinflussen. Für einen Anleger, der sich eine rasche Vorstellung über einen fundamentalanalytischen Unternehmenswert verschaffen will, können DCF-Modelle problematisch sein. Aus diesem Grund sind alternative Bewertungsverfahren erforderlich, mit denen sich schnell arbeiten und eine große Zahl an Unternehmen gleichzeitig bewerten lässt, ohne dass dies mit einem Verlust an Präzision verbunden ist.

So unumstritten das DCF-Konzept in der akademischen Welt sein mag, so wenig konnte es sich bislang in der Kapitalmarktpraxis durchsetzen. Nach wie vor haben bei institutionellen Investoren und Analysten vergleichende Bewertungsverfahren über Peergroups die Oberhand. Neben der Schnelligkeit, mit der Peergroup-Verfahren eine Einschätzung des Unternehmenswertes liefern können, sind hierfür nicht zuletzt verschiedene Verfahrensfehler der Anwender verantwortlich, die institutionelle Kapitalanleger veranlassen, aus DCF-Modellen ermittelte Unternehmenswerte als willkürlich abzustempeln. Hinzu kommen durchaus methodische Defizite, etwa die Tatsache, dass DCF-Modelle zwar den Wert der betrieblichen Vermögensgegenstände reflektieren, nicht aber den Wert von Vermögensgegenständen, die nicht im betrieblichen Produktionsprozess eingesetzt werden. Auch Maschinen, deren Kapazitäten nicht vollständig genutzt werden, gehen nicht mit ihrem vollen Wert in die Unternehmensbewertung ein. In beiden Fällen führt das DCF-Verfahren zu einer Unterschätzung des Unternehmenswertes. Ähnliche Konsequenzen hat die drohende Zahlungsunfähigkeit einer Gesellschaft, wenn diese zum Beispiel nur durch einen Notverkauf von Vermögenswerten zu Preisen unter Marktwert vermieden werden kann. Dagegen führt das Terminal-Value-Konzept zu einer Überschätzung des Unternehmenswertes, wenn die Existenz des Unternehmens nicht gesichert ist und die Insolvenzwahrscheinlichkeit unberücksichtigt bleibt. Befürworter des DCF-Ansatzes argumentieren in diesem Fall zwar, dass das Insolvenzrisiko durch den Diskontierungssatz repräsentiert wird; dieser ist jedoch in der Praxis eher ein Näherungswert für die Volatilität einer Aktie, nicht jedoch für die Nachhaltigkeit von Erträgen oder Cashflows.

2.4 Adjusted-Present-Value-Konzept

When buying shares, ask yourself, would you buy the whole company?
Rene Walter Rivkin (1944–2005), australischer Investor und Unternehmer

Das Adjusted-Present-Value-Konzept (APV-Konzept) wird in der Praxis vor allem bei der Bewertung von Unternehmen angewendet, die von Illiquidität bedroht sind und deren Überleben a priori nicht vorausgesetzt werden kann. Der Going Concern, essenzieller Bestandteil von DCF-Modellen, muss damit nicht mehr uneingeschränkt vorausgesetzt werden.

Beim APV-Konzept berechnet man den Unternehmenswert in drei separaten Schritten:

- Im ersten Schritt wird der Wert des unverschuldeten Unternehmens ermittelt;
- im zweiten Schritt der Barwert der Steuerersparnisse, der entsteht, wenn das Unternehmen einen bestimmten Kreditbetrag aufnimmt; und
- im abschließenden dritten Schritt die Auswirkungen der Verschuldung in Abhängigkeit von der Wahrscheinlichkeit, mit der das Unternehmen in Insolvenz geht.

Drei Schritte zur Bestimmung des Unternehmenswertes Im ersten Schritt wird eine 100%ige Eigenfinanzierung des Unternehmens unterstellt. Werden die erwarteten FCFF mit den Eigenkapitalkosten eines unverschuldeten Unternehmens diskontiert, erhalten wir einen verschuldungsbereinigten Unternehmenswert. In einem konstanten Wachstumsmodell leitet sich der unverschuldete Enterprise Value $EV_{0,U}$ (das Suffix U steht hierbei für „unlevered", also verschuldungsbereinigt) damit aus der folgenden Gleichung ab:

$$EV_{0,U} = \frac{FCFF_0(1+g)}{r_{EK,U} - g} + NOA_0$$

Die Komponenten der Gleichung sind – mit Ausnahme der geforderten Eigenkapitalrendite auf das unverschuldete Unternehmen $r_{\mathrm{EK,U}}$ – bereits aus den vorherigen Kapiteln bekannt.

Diese Unbekannte lässt sich zumindest dahingehend eingrenzen, dass sie kleiner sein muss als die Eigenkapitalverzinsung eines verschuldeten Unternehmens, da die Aktionäre das finanzielle Risiko, das aus der Aufnahme von verzinslichem Fremdkapital resultiert, selbst tragen müssen. Für den Fall, dass ein Unternehmen ohne jedes Leverage finanziert wurde, gilt dementsprechend $r_{\mathrm{EK}} = r_{\mathrm{EK,U}} = \mathrm{WACC}$, da dann Eigenkapital die einzige Finanzierungsquelle der Gesellschaft ist.

Der zweite Schritt der Unternehmensbewertung beschäftigt sich mit den positiven Effekten der Verschuldung auf den Unternehmenswert. Die wertschaffenden Effekte bestehen letztlich darin, dass durch die Zuführung von Fremdkapital steuerliche Vorteile geschaffen werden, da Zinsaufwendungen steuerlich abzugsfähig sind und die steuerliche Bemessungsgrundlage reduzieren. Der Versuch, diesen Zusammenhang formal zu bestimmen, führt zu folgender Gleichung:

$$V_\tau = \sum_{t=1}^{\infty} \frac{\tau_t i_t \mathrm{Debt}_t}{(1 + r_{\mathrm{EK}})^t}.$$

Der Beitrag der Fremdfinanzierung auf den Unternehmenswert V_τ entspricht damit dem Produkt aus dem Zinssatz i_t, der zinstragenden Bruttoverschuldung Debt_t und der erwarteten durchschnittlichen Steuerquote des Unternehmens τ_t über alle zukünftigen Perioden, diskontiert anhand der Eigenkapitalkosten r_{EK}.

Der dritte Schritt befasst sich mit den negativen Auswirkungen der Verschuldung auf den Unternehmenswert. Sie bestehen darin, dass eine zunehmende Verschuldung das Insolvenzrisiko erhöht. Daher analysieren wir, wie sich die Verschuldung auf die Wahrscheinlichkeit auswirkt, dass das Unternehmen seine Verbindlichkeiten nicht mehr bedienen kann und in Insolvenz geht. Stellt ω die Insolvenzwahrscheinlichkeit und $V_{0,\omega}$ den Barwert der Insolvenzkosten dar, lässt sich der Barwert der erwarteten Insolvenzkosten $V_{0,\omega}^{\mathrm{e}}$ anhand folgender Formel berechnen:

$$V_{0,\omega}^{\mathrm{e}} = \omega V_{0,\omega}$$

Fassen wir die drei Schritte zusammen, ergibt sich der Unternehmenswert anhand folgender Gleichung:

$$\mathrm{EV}_0 = \mathrm{EV}_{0,\mathrm{U}} + V_\tau + V_{0,\omega}^{\mathrm{e}}$$

Beispiel

Ein auf Sanierungsfälle spezialisierter PE-Investor erwägt, ein notleidendes Tiefbauunternehmen zu übernehmen. Zur Ermittlung des maximalen Übernahmepreises und vor dem Hintergrund der latenten Insolvenzgefahr des Unternehmens sieht der Investor im APV-Ansatz ein sinnvolles Verfahren. Nach der Restrukturierung des Unternehmens stellt das Management des Übernahmeziels folgende Cashflow-Ströme in Aussicht:

€ Mio.	$t+1$	$t+2$	$t+3$	$t+4$	$t+5$	$t+6$
FCFF	– 200,0	– 100,0	– 20,0	50,0	100,0	150,0

Wie wir gesehen haben, besteht das APV-Verfahren aus drei Schritten. Im ersten Schritt ermitteln wir den Wert des unverschuldeten Unternehmens $V_{0,\mathrm{U}}$. Zu diesem Zweck leiten wir aus der Peergroup ein *Unlevered Beta* ab. Dieses soll bei 0,9 liegen. Der risikolose Zins r_f liegt derzeit bei 2,1 %, die Risikoprämie r_p bei 4,7 %. Damit ergeben sich Eigenkapitalkosten des unverschuldeten Unternehmens $r_{\mathrm{EK,U}}$ von

$$r_{\mathrm{EK,U}} = r_f + \beta_{\mathrm{U}} r_p = 0{,}021 + 0{,}9 \cdot 0{,}047 = 6{,}3\,\%$$

Aus Vereinfachungsgründen unterstellen wir im Zeitablauf konstante Kapitalkosten. Damit diskontieren wir obige Zahlenreihe zu[5]:

€ Mio.	$t+1$	$t+2$	$t+3$	$t+4$	$t+5$	$t+6$
$\mathrm{FCFF}_{\mathrm{U},0}$	– 188,1	– 88,4	– 16,6	39,1	73,6	103,8

Ihre Summe liegt bei – 76,7 Mio. €. Aus dem FCFF des Jahres $t+6$ berechnen wir den Terminal Value des unverschuldeten Unternehmens $\mathrm{TV_U}$

$$\mathrm{TV_U} = \frac{150{,}0(1+0{,}021)}{0{,}063-0{,}021} = 3.620{,}6$$

[5] Aus Vereinfachungsgründen verwenden wir während der Verlustphase dieselben Diskontierungssätze wie während des Zeitraums, innerhalb dessen das Unternehmen profitabel ist. Diese Vorgehensweise ist allerdings nicht korrekt, da der Barwert der negativen Cashflows während der Verlustphase umso kleiner ist, je höher der Diskontierungssatz ist. Korrekt wäre es daher, während der Verlustphase negative Risikoprämien zu verwenden.

bzw. seinen Barwert

$$\mathrm{TV}_{\mathrm{U},0} = \frac{3.620,6}{(1+0,063)^6} = 2.505,2$$

Der gesamte Wert des unverschuldeten Unternehmens $V_{\mathrm{U},0}$ liegt damit bei:

$$V_{\mathrm{U},0} = \sum_{t=1}^{6} \mathrm{FCFF}_{\mathrm{U},0} + \mathrm{TV}_{\mathrm{U},0} = -76,7 + 2.505,2 = 2.428,5$$

Im zweiten Schritt berechnen wir die erwarteten Steuervorteile aus der Verschuldung des Unternehmens V_τ. Diese sind eine Funktion aus der Steuerquote τ des Unternehmens, der absoluten Schuldenhöhe Debt_t und dem Nominalzins i_t auf die Verbindlichkeiten. Unser Tiefbauunternehmen hat einen High-Yield-Bond mit vierjähriger Restlaufzeit, einem Volumen von 500,0 Mio. € und einer Nominalverzinsung von 13,5 % ausstehen. Gerade wird die Anleihe mit einem Kurs von 70,0 % gehandelt. Anhand dieser Angaben können wir den Steuervorteil der Verschuldung für die Jahre $t+1$ bis $t+4$ berechnen. Dieser ergibt sich aus:

$$V_\tau = \sum_{t=1}^{4} \frac{\tau_t i_t \mathrm{Debt}_t}{(1+r_{\mathrm{EK}})^t} = \sum_{t=1}^{4} \frac{0,31 \cdot 0,135 \cdot 500,0}{(1+0,063)^t} = 72,0$$

Im dritten Schritt berechnen wir die Insolvenzkosten des Unternehmens K_{Ins}. Hierfür müssen wir zunächst die Insolvenzwahrscheinlichkeit ω_{Ins} kennen. Sie errechnet sich aus den nominal zu leistenden Zinszahlungen des Unternehmens zuzüglich der Tilgungssumme in $t+4$ und dem aktuellen Marktpreis der Anleihe von 350,0 Mio. € (70,0 % von 500,0 Mio. €). Damit muss folgende Gleichheit gelten:

$$\sum_{t=1}^{n} \frac{(1-\omega_{\mathrm{Ins}})^t i_t \mathrm{Debt}_t}{(1+r_f)^t} + \frac{(1-\omega_{\mathrm{Ins}})^n \mathrm{Debt}_t}{(1+r_f)^n} = \mathrm{Debt}_0$$

bzw. bei einer unterstellten Nominalverzinsung von 1,6 % für öffentliche Bundesanleihen vergleichbarer Laufzeit:

$$\sum_{t=1}^{4} \frac{(1-\omega_{\mathrm{Ins}})^t 0,135 \cdot 500,0}{(1+0,016)^t} + \frac{(1-\omega_{\mathrm{Ins}})^4 500,0}{(1+0,016)^4} = 350,0$$

Diese Gleichung ist nun nach der jährlichen Insolvenzwahrscheinlichkeit ω_{Ins} aufzulösen, wofür wir am besten die Excel-Solver-Funktion verwenden.

In unserem Fall ergibt sich eine Insolvenzwahrscheinlichkeit von 19,7 %. Aus der jährlichen Insolvenzwahrscheinlichkeit ω_{Ins} berechnen wir nun die Wahrscheinlichkeit, die nächsten sechs Jahre zu überleben $\omega_{\text{Ü, kum}}$:

$$\omega_{\text{Ü,kum}} = (1-\omega_{\text{Ins}})^n = (1-0{,}197)^6 = 26{,}8\,\%$$

Umgekehrt errechnet sich die kumulierte Wahrscheinlichkeit $\omega_{\text{Ins, kum,}}$ in den nächsten sechs Jahren insolvent zu werden, aus:

$$\omega_{\text{Ins,kum}} = 1-\omega_{\text{Ü,kum}} = 1-0{,}268 = 73{,}2\,\%$$

Anhand dieser Wahrscheinlichkeit bestimmen wir nun den Schaden, der sich aus der Insolvenz ergibt. Dieser Schaden quantifiziert sich aus dem Notverkauf der Vermögenswerte zu einem Preis, der nicht ihrem Barwert entspricht. Hierzu betrachten wir die Quote, die vergleichbare Unternehmen in der jüngeren Vergangenheit aus einem Notverkauf ihrer Vermögenswerte erzielen konnten. Angenommen, der Wert der Vermögensgegenstände (ohne Cash) unseres Tiefbauunternehmens liegt bei 400,0 Mio. €, so ergibt sich bei einer Notverkaufsquote von 20,0 % ein Liquidationserlös von 80,0 Mio. €. Diesem muss der Barwert des im Zeitpunkt $t+6$ zu erzielenden Going-Concern-Unternehmenswertes von

$$V_{0,t+6} = \frac{150{,}0}{(1+0{,}063)^6} + \frac{3.620{,}6}{(1+0{,}063)^6} = 103{,}8 + 2.505{,}2 = 2.609{,}0$$

gegenübergestellt werden. Dann ergeben sich schließlich folgende Kosten der Insolvenz K_{Ins}:

$$\begin{aligned} K_{\text{Ins}} &= \omega_{\text{Ins,kum}}(\text{LiquidErlös} - V_{0,t+6}) \\ &= 0{,}732(80{,}0 - 2.609{,}0) = -1.851{,}0 \end{aligned}$$

Wir addieren nun die in den drei Schritten berechneten Werte und erhalten aus:

$$\text{EV}_0 = V_{\text{U},0} + V_\tau - K_{\text{Ins}} = 2.428{,}5 + 72{,}0 - 1.851{,}0 = 649{,}5$$

Dies repräsentiert den maximalen Preis, den der PE-Fonds für die Übernahme des Tiefbauunternehmens (*cash free, debt free*) zahlen sollte. Abzüglich des Marktwertes der Anleihe ergibt sich damit der Wert des Eigenkapitals von 299,5 Mio. €.

Vor- und Nachteile des APV-Ansatzes Das APV-Verfahren basiert auf der Überlegung, dass es einfacher ist, die absolute Höhe des Fremdkapitals für die Unternehmensbewertung zu ermitteln als die relative. Tatsächlich aber machen Banken ihre Kreditvergabe nicht von der Höhe der Marktkapitalisierung oder – noch unglaubwürdiger – einem aus fundamentalen Modellen abgeleiteten inneren Wert des Eigenkapitals ihres Kunden abhängig, sondern ermitteln diese in der Regel quotal zum bilanziellen Eigenkapital.

Defizite ergeben sich auch aus der Bestimmung der erwarteten Insolvenzkosten. Es ist naheliegend, dafür Kreditratings und die darauf basierenden empirischen Insolvenzwahrscheinlichkeiten zu verwenden. Allerdings dürften die Schätzfehler dieses und anderer in der Literatur vorgeschlagener Ansätze erheblich sein.

Während im FCFF-Ansatz die steuerlichen Vorteile der Finanzverschuldung über eine konstante Fremdkapitalquote errechnet werden, werden sie im APV-Modell auf Basis einer bestehenden absoluten Bruttoverschuldung ermittelt. Bei Unternehmen, die im Zeitablauf wachsen, wird der FCFF-Ansatz tendenziell höhere Unternehmenswerte ermitteln als das APV-Modell, da in Ersteren die erwarteten Steuervorteile einer zukünftigen Bruttoverschuldung eingearbeitet werden. Die APV-Methode hat also den Vorteil, dass durch die getrennte Analyse wertbeeinflussende Faktoren separat bewertet werden können. Die Methode kommt also dann zu besseren Ergebnissen als ein DCF-Verfahren, wenn sich die Kapitalstruktur im Zeitablauf stark ändert.

Dieser Vorteil ist zugleich der größte Nachteil des APV-Verfahrens, wenn nämlich durch die komponentenweise Ermittlung des Unternehmenswertes gegenseitige Abhängigkeiten der Liquiditätsströme vernachlässigt werden. Insbesondere das Insolvenzrisiko wird von Verfechtern des APV-Ansatzes häufig unterschlagen. Allein die Vorteile eines absoluten Verschuldungsniveaus zu berücksichtigen, dabei jedoch dessen Nachteile zu unterschlagen, führt zu einer tendenziellen Überschätzung des Unternehmenswertes.

2.5 Wertschöpfungsmodelle

It's the way to keep score. Why everybody doesn't use it is a mystery to me.
Roberto Goizueta (1931–1997), CEO von Coca Cola, über das EVA^{TM}-Modell

Wertschöpfungsmodelle basieren auf der grundsätzlichen Erkenntnis, dass Unternehmen nur dann Wert schöpfen, wenn die Rentabilität, die sie erwirtschaften, höher ist als die Kapitalkosten, die mit deren Generierung verbunden sind. Dabei umfassen die Kapitalkosten nicht nur die Kosten, die mit der Erwirtschaftung der Erträge unmittelbar zusammenhängen, sondern auch deren Opportunitätskosten, also die entgangenen Erträge aus alternativen Investitionen mit vergleichbarem Risiko. Der Gewinn, der diese Kosten übersteigt, wird als Übergewinn oder *Excess Return* einer bestimmten Periode bezeichnet.

Hintergrund
Bereits 1890 sprach der englische Nationalökonom Alfred Marshall davon, dass Wertschöpfung nur dann entsteht, wenn die Rendite auf das eingesetzte Kapital die Kapitalkosten übersteigt. Doch erst 100 Jahre später wurden Wertschöpfungsmodelle einer breiten Öffentlichkeit bekannt gemacht, insbesondere durch das Economic-Value-Added- bzw. EVA^{TM}-Modell des New Yorker Beratungsunternehmens Stern Stewart & Co., das Economic-Profit-Modell von McKinsey & Company, das Added-Value-Modell der London Business School und das Cash-Value-Added-Modell (CVA) der Boston Consulting Group. Allen Modellen ist gemeinsam, dass sie proprietär und für einen Externen nur begrenzt nachvollziehbar sind.

Damit beschreiben Wertschöpfungsmodelle das, worum es im Geschäftsleben wirklich geht: Nicht die absolute Höhe der erzielten Erträge ist von Bedeutung, sondern die aus bestimmten Vermögensgegenständen erzielten Erträge im Verhältnis zu den Erträgen, die das Unternehmen aus anderen Vermögenswerten vergleichbaren Risikos hätte generieren können. Allein die die Kapitalkosten übersteigenden Renditen können in dieser Welt überhaupt als „Wert"-Schöpfung bezeichnet werden, die absolute Höhe des Gewinns hat für die Unternehmensbewertung dagegen keine Bedeutung mehr:

- Gelingt es einem Unternehmen, seinen Übergewinn zu steigern, erhöht es auch unmittelbar seinen Unternehmenswert.
- Unternehmen mit negativer Wertschöpfung vernichten demgegenüber Unternehmenswerte.

Einen Überblick über die Struktur von Wertschöpfungsmodellen gibt Abb. 2.5.

NOPAT und seine Exegeten Zentrales Element der Wertschöpfungsmodelle ist das betriebliche Geschäftsergebnis nach Steuern NOPAT (Net Operating Profit After Tax), verschiedentlich auch NOPLAT (Net Operating Profit Less Adjusted Tax) oder EBIA (Earnings Before Interest and Amortization) genannt. „Net" bezieht sich dabei nicht wie üblich nur auf den Begriff „netto" im Sinne von „nach Steuern", sondern auch auf erforderliche Anpassungen des operativen Ergebnisses. Zu diesen zählen betriebliche Aufwendungen mit Investitionscharakter, unter anderem also Aufwendungen für Forschung und Entwicklung (F&E), für Marketing, Werbung oder Verkaufsförderungsmaßnahmen sowie für Mitarbeitertraining und -schulungen.

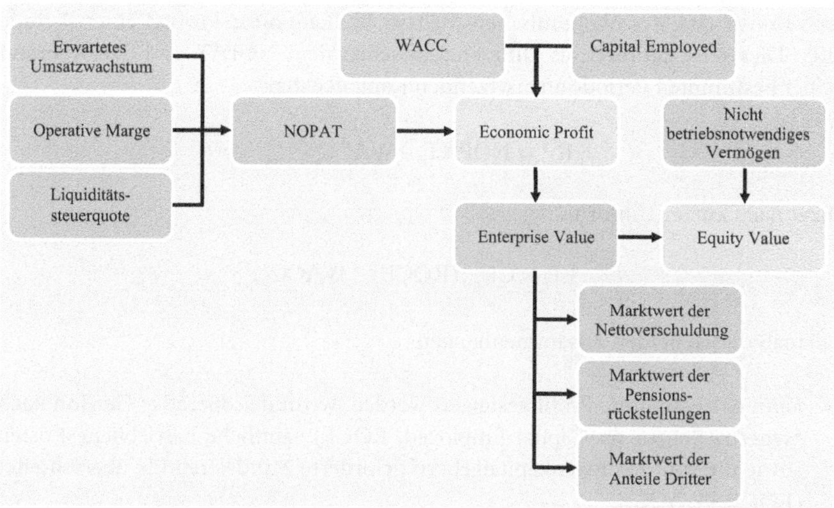

Abb. 2.5 Wertschöpfungsmodelle im Überblick

Das NOPAT errechnet sich dabei wie folgt:

$$\text{NOPAT}_t = \text{adjEBIA}_t = (1-\tau)\text{adjEBIT}_t$$

Die Vertreter von Wertschöpfungsmodellen verwenden höchst unterschiedliche Anpassungsfaktoren des operativen Ergebnisses: Manche passivieren außerbilanzielle Leasingverpflichtungen, andere aktivieren Forschungs- und Entwicklungsaufwendungen, berücksichtigen latente Steuern und decken stille Reserven aus der LIFO-Bewertung („last in –first out") von Vorräten auf. Nachdem die Adjustierungen des operativen Ergebnisses vorgenommen wurden, sind schließlich die adjustierten Steuern (Cash Operating Taxes) abzuziehen. Dabei handelt es sich um fiktive ertragsabhängige Unternehmenssteuern, zu deren Ermittlung der Steueraufwand, wie er sich aus der Gewinn-und-Verlust-Rechnung ergibt, um die Steuerersparnis aus Zinsaufwendungen und impliziten Zinszahlungen auf den Barwert des operativen Leasings, um Steuern auf Finanzerträge und um den Anstieg der passiven latenten Steuern zu bereinigen ist.

Möglichkeiten der Wertsteigerung Nach der Berechnung des NOPAT erfolgt die eigentliche Berechnung der Wertschöpfung. Hierzu bedienen wir uns eines weiteren Konstrukts, des ökonomischen Mehrwerts (Economic Profits) einer Periode EP_t. Dieser ist definiert als Differenz zwischen dem NOPAT und den während einer bestimmten Periode anzusetzenden Kapitalkosten:

$$EP_t = NOPAT_t - WACC_t CE_{t-1}$$

bzw. nach kurzer Umformung:

$$EP_t = CE_{t-1}(ROCE_t - WACC_t)$$

Gemäß diesen beiden Zusammenhängen

- kann der Economic Profit gesteigert werden, wenn der operative Gewinn nach Steuern (Return on Capital Employed, ROCE) sämtliche betriebliche Kosten sowie die von den Eigenkapitalgebern geforderte Mindestrendite überschreitet (ROCE > WACC);
- hat das Unternehmen im Falle einer negativen ökonomischen Wertschöpfung (ROCE < WACC) Kapital vernichtet, da die betrieblichen Erträge nicht die Kapitalkosten des Unternehmens decken und das investierte Kapital besser anderweitig angelegt worden wäre.

Gewissermaßen stellen die Kapitalkosten eine *Hurdle Rate* dar, die das Unternehmen mindestens erwirtschaften muss, um Werte zu schaffen. Daraus folgt, dass das Management den Unternehmenswert auf drei Arten steigern kann:

- indem es das betriebliche Geschäftsergebnis nach Steuern (NOPAT) steigert,
- indem es in Projekte mit positiver Wertschöpfung (ROCE > WACC) investiert oder
- indem es Projekte mit negativer Wertschöpfung (ROCE < WACC) desinvestiert.

Während vermutlich die meisten Vorstände angeben würden, eine dezidierte Wachstumsstrategie bereits dann zu verfolgen, wenn sie nur mit einer Steigerung des operativen Ergebnisses (EBIT) verbunden sei, verdeutlichen Wertschöpfungsmodelle, dass echte Wertschöpfung nur von Unternehmen mit positivem ROCE-WACC-Spread erbracht werden kann. Nur bei ihnen führt ein Anstieg des investierten Kapitals – unter sonst gleichbleibenden Bedingungen – auch zu einer Steigerung des Unternehmenswertes.

Unternehmen mit neutraler Wertschöpfung (ROCE = WACC) erzeugen idealerweise mehr Gewinn aus der bestehenden Kapitalbasis. Vor diesem Hintergrund muss die Steigerung der NOPAT-Margen im Fokus der Managementbemühungen stehen. Für Unternehmen, die Wert vernichten, kann dagegen nur eine Schrumpfung zum Erfolg führen. Diese Unternehmen müssen sich auf ihre Kernkompetenzen – sofern vorhanden – besinnen, eine klassische ABC-Analyse durchführen und die wertvernichtenden Geschäftsbereiche schließen oder verkaufen.

Hintergrund
Dem aufmerksamen Leser wird nicht entgangen sein, dass in Wertschöpfungsmodellen eine marktwertbezogene Kennzahl, nämlich die durchschnittlichen Kapitalkosten, mit einer buchwertbezogenen Kennzahl, dem investierten Kapital, vermengt wird. Die zugrunde liegende Überlegung ist, dass ein Unternehmen immer mehr verdienen muss als die auf Marktwerte bezogenen Kapitalkosten, um für den Eigentümer Mehrwerte zu schaffen.

Vom NOPAT zum ROCE Die Rendite auf das eingesetzte Kapital ROCE besteht aus zwei Komponenten, dem NOPAT und dem investierten Kapital CE (Capital Employed) der Vorperiode – denn nur dieses stand dem Unternehmen zur Verfügung, um Cashflows zu erzielen:

$$\mathrm{ROCE}_t = \frac{\mathrm{NOPAT}_t}{\mathrm{CE}_{t-1}} = \frac{\mathrm{NOPAT}_t}{\mathrm{SAV}_{t-1} + \mathrm{WC}_{t-1} - \mathrm{ExcessCash}_{t-1}}$$

Die Kapitalrendite nimmt sowohl die vom Unternehmen erwirtschafteten Erträge in die Kalkulation auf als auch das Kapital, das zu deren Generierung erforderlich ist. Insofern ist die Rendite auf das eingesetzte Kapital mit der Eigenkapitalrendite vergleichbar: Letztere, definiert als Jahresüberschuss dividiert durch das Eigenkapital der Vorperiode, misst die betriebliche Effizienz eines Unternehmens in Bezug auf die Profitabilität des Eigenkapitals, Erstere ist insbesondere für solche Unternehmen die geeignete Kennzahl, die hohe Bestände an nicht zinstragenden Verbindlichkeiten bzw. an Verbindlichkeiten aus Lieferungen und Leistungen aufweisen. Anders gesagt: Während die Eigenkapitalrendite allein die Perspektive der Anteilseigner berücksichtigt, betrachtet das ROCE-Konzept das Gesamtkapital und ist damit unabhängig von der Finanzierungsstruktur des Unternehmens.

Unter dem investierten Kapital CE fassen wir jene Finanzierungsmittel zusammen, die in das operative Nettovermögen des Unternehmens zur Erwirtschaftung des NOPAT investiert wurden, insbesondere also das Sachanlagevermögen und das Working Capital abzüglich des Excess Cash. Zusätzlich sind auch die Vermögensbestandteile in die Berechnung einzubeziehen, die bei der Erzeugung des NOPAT zur Verfügung standen, aber nicht im Sachanlagevermögen auftauchen. Die wichtigsten Anpassungsfaktoren betreffen die impliziten Zinszahlungen auf den Barwert der operativen Leasingaufwendungen, Abschreibungen auf die kapitalisierten F&E-Aufwendungen, Abschreibungen auf den Firmenwert (falls vorhanden) und – sofern angegeben – den Anstieg der LIFO-Reserven.

Aktivierung von F&E-Aufwendungen Die heute noch gültigen Rechnungslegungsvorschriften haben ihren Ursprung im Industriezeitalter. Dieses war durch eine hohe Kapitalintensität der Produktion gekennzeichnet, Forschungs- und Entwicklungsaktivitäten spielten damals nur eine untergeordnete Rolle – ganz anders als heute. Dennoch haben Unternehmen nach IFRS ihre Investitionen in Forschung in dem Jahr als Aufwand zu verbuchen, in dem sie entstehen, und auch Entwicklungskosten sind unter bestimmten Bedingungen nicht aktivierungsfähig. Werte, die mit Forschung und Entwicklung geschaffen wurden, dürfen also regelmäßig nicht aktiviert werden, sondern verringern den Unternehmenswert. Steigende F&E-Aufwendungen belasten die operative Profitabilität, obwohl diese in der Theorie nicht von Investitionen belastet werden sollten. Durch die Behandlung als operative Kosten (also Opex, nicht Capex) werden forschungsintensive Unternehmen und Industrien gegenüber reifen Unternehmen und Industrien systematisch benachteiligt.

Auch wenn die zukünftigen Vorteile von Forschung und Entwicklung völlig ungewiss sind, könnte es sinnvoll sein, die mit ihnen verbundenen Aufwendungen nicht im Jahr ihrer Entstehung zu „verkosten“, sondern sie wie einen Vermögenswert zu kapitalisieren und entsprechend ihrer Nutzungsdauer abzuschreiben. Zu überlegen wäre, die Aufwendungen mit den Umsätzen in Einklang zu bringen, die durch sie möglich werden, ganz wie dies auch bei den Abschreibungen einer Maschine üblich ist. Die grundsätzlich zu klärende Frage jedoch ist, ob und in welchem Ausmaß F&E-Investitionen überhaupt mit zukünftigen Produktumsätzen in Verbindung gebracht werden können. Denn die meisten Erfindungen treffen auf keinen Markt und scheitern oder erwirtschaften nur geringe Erlöse.

Darüber hinaus ist zu klären, warum F&E-Investitionen von forschungsintensiven Unternehmen anders behandelt werden sollten als etwa Marketingaufwendungen von Unternehmen in werbeintensiven Branchen. Schließlich tragen auch diese dazu bei, die Marke des Unternehmens bekannter zu machen und den Wert des Unternehmens – wenn auch nur langfristig – zu steigern. Und bei großzügiger Auslegung des Konzepts ließen sich vermutlich weitere Aufwandsarten finden, die man für aktivierungsfähig halten könnte, zum Beispiel „Investitionen“ in die Ausbildung bei personalintensiven Unternehmen, etwa bei Investmentbanken.

Das buchhalterische Prinzip, Wirtschaftsgüter entsprechend ihrer Nutzungsdauer abzuschreiben, führt im Umkehrschluss dazu, dass die Kapitalisierung von Aufwendungen nur angebracht sein kann, wenn infolge dieser Aufwendungen Vermögenswerte entstehen, die über mehrere Perioden verbraucht werden, nicht nur in einer. Bei Ausgaben für die Ausbildung der Mitarbeiter ist diese Forderung diskussionswürdig, Werbung jedoch – zu diesem Ergebnis kommt die Mehrheit der empirischen Studien über die Rezeption von Werbung – wirkt allenfalls kurzfristig und muss wiederholt werden, um einen Effekt zu zeigen. Aufwendungen in

Forschung und Entwicklung sind demzufolge anders zu behandeln als etwa Marketing- oder Vertriebsaufwendungen.

Um F&E-Aufwendungen im Rahmen einer Unternehmensbewertung zu kapitalisieren und entsprechend ihrer Nutzung abzuschreiben, muss man Annahmen über die Zeitspanne treffen, in der die entwickelten Produkte kommerziell verwertet werden können. Diese Zeitspanne variiert von Unternehmen zu Unternehmen und von Branche zu Branche. In der Pharma- und Biotechnologiebranche sind infolge strikter Zulassungskriterien Verwertungszeiträume von 20 Jahren keine Seltenheit, in der Softwareindustrie dagegen sind sie deutlich kürzer.

Nachdem es uns gelungen ist, diesen Zeitraum nachvollziehbar festzulegen, können wir die kapitalisierten F&E-Aufwendungen als kalkulatorische F&E-Abschreibungen vom operativen Ergebnis abziehen. Für den Fall einer fünfjährigen Verwertungsdauer können also nach einem Jahr noch 80 % des ursprünglichen Vermögenswertes aktiviert werden.

Beispiel

Wir analysieren einen Softwarehersteller, dessen F&E-Aufwendungen sich in den letzten fünf Jahren verdreifacht haben:

€ Mio.	$t-5$	$t-4$	$t-3$	$t-2$	$t-1$	t
F&E-Aufwendungen	10,0	12,5	15,0	20,0	25,0	30,0

Typischerweise werden die Produkte des Unternehmens innerhalb von fünf Jahren zur kommerziellen Marktreife gebracht. Bei linearer Abschreibung um 20,0 % p. a. ergibt sich folgende Entwicklung:

€ Mio.	$t-5$	$t-4$	$t-3$	$t-2$	$t-1$	t
F&E-Aufwendungen	10,0	12,5	15,0	20,0	25,0	30,0
Kumuliert (*)	10,0	22,5	37,5	57,5	82,5	112,5
Abschreibungsquote	20,0 %	20,0 %	20,0 %	20,0 %	20,0 %	20,0 %
F&E Abschr. $t-5$		2,0	2,0	2,0	2,0	2,0
F&E Abschr. $t-4$			2,5	2,5	2,5	2,5
F&E Abschr. $t-3$				3,0	3,0	3,0
F&E Abschr. $t-2$					4,0	4,0
F&E Abschr. $t-1$						5,0
Summe F&E-Abschr.	0,0	2,0	4,5	7,5	11,5	16,5
Kumuliert (**)	0,0	2,0	6,5	14,0	25,5	42,0
Kapitalisierung (*)–(**)	10,0	20,5	31,0	43,5	57,0	70,5

Ein Lesebeispiel soll die Tabelle verdeutlichen:

Betrachten wir das Jahr $t-5$, dann werden die F&E-Aufwendungen von 10,0 Mio. € vollständig aktiviert. Von diesem Wert werden im kommenden Jahr 20,0 % abgeschrieben. Gleichzeitig kommen die F&E-Aufwendungen des Jahres $t-4$ in Höhe von 12,5 Mio. € hinzu, sodass sich ein kapitalisierter Endwert von 20,5 Mio. € ergibt.

Wird die Kapitalbasis um die in der Vergangenheit verkosteten F&E-Aufwendungen erhöht, müssen diese auch in der Gewinn-und-Verlust-Rechnung wieder hinzugerechnet werden. Die Differenz zwischen den tatsächlichen F&E-Aufwendungen einer Periode und den jeweiligen Abschreibungen auf die kapitalisierten F&E-Aufwendungen entspricht der notwendigen Ergebnisadjustierung:

$$\text{EBIT}_{\text{adj}} = \text{EBIT}_{\text{rep}} + \text{F\&E} - \text{Dep}_{\text{F\&E}}$$

Das um F&E-Aufwendungen bereinigte operative Ergebnis ist daher umso höher, je größer der erwartete Auswertungszeitraum ist. Tendenziell wird sich die Kapitalisierung von F&E-Aufwendungen auf das operative Ergebnis in der Pharmabranche stärker auswirken als auf die Ertragslage von Softwareentwicklern. Gleichfalls sind die Auswirkungen stärker bei Unternehmen zu spüren, bei denen die Entwicklungsaufwendungen im Zeitablauf ansteigen; im Zeitablauf rückläufige Entwicklungsaufwendungen könnten sich theoretisch sogar negativ auf das adjustierte EBIT auswirken.

Beispiel

Lag das berichtete EBIT unseres Softwareherstellers in der Periode $t-2$ bei 100,0 Mio. €, so ergibt sich nach der Kapitalisierung der F&E-Aufwendungen ein adjustiertes EBIT von:

$$\begin{aligned}\text{EBIT}_{\text{adj}} &= \text{EBIT}_{\text{rep}} + \text{F\&E} - \text{Dep}_{\text{F\&E}} \\ &= 100{,}0 + 20{,}0 - 7{,}5 = 112{,}5\end{aligned}$$

Das adjustierte EBIT liegt also um 12,5 % über dem berichteten EBIT.

Um zu ermitteln, ob die Kapitalisierung von F&E-Aufwendungen auch tatsächlich werterhöhend war oder nicht, ist ein Vergleich des ROCE ohne und mit Kapitalisierung erforderlich. Bei diesem Vorgehen dürfen die Steuereffekte der Kapitalisierung nicht vergessen werden, da die Aktivierung der F&E-Aufwendungen und ihre anschließende Abschreibung einen ergebnissteigernden Steuereffekt hatte. Das adjustierte EBIT einschließlich des Steuereffektes, das NOPAT, aus der F&E-Kapitalisierung liegt mithin bei:

$$\text{NOPAT}_{\text{adj}} = (\text{EBIT}_{\text{rep}} + \text{F\&E} - \text{Dep}_{\text{F\&E}})(1-\tau)$$

In einem zweiten Schritt müssen wir die zu kapitalisierenden F&E-Aufwendungen berechnen, welche natürlich die im Jahresabschluss berichtete Kapitalbasis CE_{rep} erhöhen. Das adjustierte eingesetzte Kapital CE_{adj} ergibt sich als Differenz zwischen den kumulierten F&E-Aufwendungen und den kumulierten F&E-Abschreibungen:

$$CE_{adj} = CE_{rep} + kumF\&E - kumDep_{F\&E}$$

Beispiel

Für das adjustierte NOPAT unseres Softwareherstellers ergibt sich damit für die Periode $t-2$ ein adjustierter Wert von:

$$\begin{aligned} NOPAT_{adj} &= (EBIT_{rep} + F\&E - Dep_{F\&E})(1-\tau) \\ &= (100,0 + 20,0 - 7,5)(1 - 0,31) = 77,6 \end{aligned}$$

Bezogen auf ein eingesetztes Kapital von:

$$\begin{aligned} CE_{adj} &= CE_{rep} + kumF\&E - kumDep_{F\&E} \\ &= 100,0 + 57,5 - 14,0 = 143,5 \end{aligned}$$

liegt die adjustierte Kapitalrentabilität $ROCE_{adj}$ bei:

$$ROCE_{adj} = \frac{NOPAT_{adj}}{CE_{adj}} = \frac{77,6}{143,5} = 54,1\,\%$$

Dies ist gegenüber dem nicht adjustierten Ausgangswert von 69,0 % ein deutlicher Rückgang.

Werden F&E-Aufwendungen als Opex und nicht als Capex spezifiziert, verliert einer der wichtigsten Zusammenhänge für eine integrierte Unternehmensplanung seine Gültigkeit: die endogene Berechnung der Wachstumsrate g. Oben haben wir die Gleichung kennengelernt, wonach g_{EBIT} gleich sein muss ε_{ROCE}. Ohne die Berücksichtigung der F&E-Aufwendungen wird dieser Zusammenhang inhaltsleer, oder anders formuliert: wird die Investitionsquote ε tendenziell zu geringe Werte annehmen und die Rendite auf das eingesetzte Kapital und auf das Eigenkapital überschätzt. Aus diesem Grund sind auch F&E-Aufwendungen in die Berechnung der Investitionsquote aufzunehmen. Demzufolge ist für die Berechnung von ε folgender Zusammenhang zu verwenden:

$$\varepsilon = \frac{Capex - Dep + \Delta WC + F\&E - Dep_{F\&E}}{EBIT(1-\tau)}, \quad \text{für} \quad EBIT > 0$$

Damit ist unmittelbar einsichtig, dass die Kapitalisierung der F&E-Aufwendungen Auswirkungen auf die endogen aus dem Geschäftsabschluss berechnete Wachstumsrate g hat, die sich bekanntlich aus dem Zusammenhang $g=\varepsilon_{\mathrm{ROCE}}$ errechnet. Während sich eine höhere Investitionsquote positiv auf das Unternehmenswachstum auswirkt, kann dieser Anstieg durch eine rückläufige Kapitalrendite überkompensiert werden. Welcher Effekt am Ende überwiegt, ist a priori unklar. Unmittelbar einsichtig ist indes, dass sich die Kapitalisierung der F&E-Aufwendungen bei jungen Firmen stärker auswirkt als bei etablierten, da bei ihnen F&E-Aufwendungen einen größeren Teil des gesamten Kostenblocks ausmachen.

Bereinigung von operativem Leasing Neben den F&E-Aufwendungen sind auch die Verbindlichkeiten aus operativem Leasing in die Berechnung des investierten Kapitals (CE) einzubeziehen. Im Gegensatz zum Finanzierungsleasing trägt beim operativen Leasing der Leasinggeber, bei dem auch die bilanzielle Zurechnung und Aktivierung erfolgt, das volle Investitionsrisiko. Der Leasingnehmer verbucht lediglich die gezahlten Leasingraten als Aufwand. Zusätzliche Dienstleistungen wie Wartung und Reparatur trägt dagegen der Leasinggeber.

Ähnlich der Miete findet operatives Leasing außerhalb der Bilanz des Leasingnehmers statt. Damit würde ein Unternehmen, das eine Maschine über operatives Leasing nutzt, gegenüber einem Unternehmen, das dieselbe Maschine erwirbt, eine niedrigere Kapitalbasis aufweisen. Die Bewertung eines Logistikunternehmens, das seine Lagerhalle least, würde zu einem anderen Ergebnis führen, als wenn es die Lagerhalle über die Aufnahme von Fremdkapital finanzieren würde, selbst wenn die Zahlungsströme für beide Logistiker identisch sind. Ein Ergebnis, das wir schwerlich hinnehmen können, zumal es sich bei der Entscheidung für oder gegen Leasing um eine Ermessensentscheidung des Managements handelt. In der Praxis spielt operatives Leasing bei einzelnen Unternehmen denn auch eine erhebliche Rolle.

Das Prinzip der Aktivierung und Abschreibung operativer Leasingaufwendungen ähnelt dem der oben beschriebenen Aktivierung von F&E-Aufwendungen: Zum berichteten $\mathrm{EBIT}_{\mathrm{rep}}$ werden zunächst die tatsächlichen Leasingaufwendungen der Periode (OpLease) hinzugezählt, da diese als Finanzaufwendungen behandelt werden. Von diesem Wert werden anschließend die fiktiven Abschreibungen auf den kapitalisierten Leasingbestand abgezogen, wobei der Einfachheit halber eine lineare Abschreibung der kapitalisierten Leasingbeträge unterstellt wird:

$$\mathrm{EBIT}_{\mathrm{adj}} = \mathrm{EBIT}_{\mathrm{rep}} + \mathrm{OpLease} - \mathrm{Dep}_{\mathrm{Lease}}$$

Zum Ausgleich der Leasingzahlungen ermitteln wir den Barwert der Mindestzahlungen, die ein Unternehmen zukünftig aus operativem Leasing zu begleichen hat. Diese Mindestzahlungen müssen vom Unternehmen im Anhang des Jahresabschlusses für einen Zeitraum von fünf Jahren veröffentlicht werden. Die Barwerte ermitteln wir, indem wir die Zahlungsverpflichtungen mit den aktuellen Fremdkapitalkosten vor Steuern r_{Debt} diskontieren. Anschließend addieren wir wie gehabt die Summe der Barwerte zum investierten Kapital CE und subtrahieren die kumulierten Abschreibungen vom Barwert der Leasingzahlungen.

Weitere „Eigenkapital-Äquivalente“ ergeben sich, wenn Unternehmen nach dem Vorsichtsprinzip bilanzieren und etwa Gegenstände des Umlauf-, Sach- oder Finanzanlagevermögens zum niedrigeren Buchwert anstelle des höheren Marktpreises aktivieren (stille Reserven). Bereinigungsfähige Positionen im Anlagevermögen ergeben sich auch aus Anlagen im Bau, die zur Erzielung des NOPAT noch nicht zur Verfügung standen, und aus sonstigen kurzfristigen Verbindlichkeiten, sofern diese nicht zinstragend sind. Im Umlaufvermögen sind die aktiven latenten Steuern zu berücksichtigen, da diese nicht als betrieblich genutztes Vermögen angesehen werden.

Die Bestimmung des Unternehmenswertes Nach diesen umfangreichen Vorarbeiten gilt es nun, eine Methodik zu entwickeln, aus den vorgestellten Formeln den Wert des Unternehmens zu ermitteln. Der Zusammenhang aus betrieblicher Wertschöpfung und deren Bewertung erschließt sich durch folgende Formel:

$$\text{EV}_0 = \text{CE}_0 + \sum_{t=1}^{T} \frac{\text{EP}_t}{(1+\text{WACC})^t}$$

Der Unternehmenswert besteht damit aus zwei Komponenten: dem Marktwert des gesamten, zum gegebenen Zeitpunkt im Unternehmen investierten Kapitals CE_0 und dem Barwert der Überrenditen sämtlicher existierender und zukünftiger Projekte. Gehen wir davon aus, dass der Buchwert des investierten Kapitals eine Näherungsgröße für das investierte Kapital ist, übersteigt der Marktwert des eingesetzten Kapitals seinen Buchwert in all jenen Fällen, in denen das Unternehmen ökonomische Mehrwerte erwirtschaften kann. Demgegenüber liegt der Unternehmenswert bei wertvernichtenden Unternehmen stets unter dem Buchwert des investierten Kapitals.

Der Terminal Value Wie bei DCF-Modellen stehen wir auch bei Wertschöpfungsmodellen vor dem Problem, ökonomische Gewinne bis in alle Ewigkeit schätzen zu müssen. Und wie bei DCF-Modellen behelfen wir uns auch hier mit mehrperiodischen Modellen, bei denen im Anschluss von Detail- und Grobplanungsphasen, in denen ein Unternehmen Überrenditen im Sinne von ROCE>WACC generieren kann, der Terminal Value errechnet wird, in dem Überrenditen nicht oder nur unter sehr eingeschränkten Bedingungen möglich ist.

Als Formel hierfür bietet sich an:

$$TV_t = \frac{(NOPAT_t - CE_{t-1}WACC)(1+g)}{WACC - g}$$

Der daraus resultierende Wert ist anschließend auf die Gegenwart zu diskontieren.

Beispiel

Ein PE-Investor möchte analysieren, ob unser Autozulieferer wertschöpfend arbeitet oder nicht. Rekapitulieren wir nochmals die Modelldaten für das Basisjahr *t*:

€ Mio.	*t*
Umsatz	100,0
Opex	60,0
EBIT	40,0
EBIT-Marge	40,0 %

Für die fünfjährige Detailplanungsphase wird mit einem durchschnittlichen Wachstum von 25,0 % kalkuliert.

€ Mio.	$t+1$	$t+2$	$t+3$	$t+4$	$t+5$
Umsatz	125,0	156,3	195,3	244,1	305,2
YoY	25,0 %	25,0 %	25,0 %	25,0 %	25,0 %
Opex	75,0	93,8	117,2	146,5	183,1
EBIT	50,0	62,5	78,1	97,7	122,1
EBIT-Marge	40,0 %	40,0 %	40,0 %	40,0 %	40,0 %
τ	31,0 %	31,0 %	31,0 %	31,0 %	31,0 %
$EBIT(1-\tau)$	34,5	43,1	53,9	67,4	84,2

In der anschließenden Übergangsphase verringert sich das Unternehmenswachstum sukzessive auf das Niveau des risikolosen Zinses von 2,1 %. Durch steigende Wettbewerbsintensität verringert sich gleichzeitig die Profitabilität auf das industrietypische Niveau von 25,0 %, sodass wir für die Übergangsphase folgende Entwicklung prognostizieren:

€ Mio.	$t+6$	$t+7$	$t+8$	$t+9$	$t+10$
Umsatz	367,5	425,7	473,6	505,3	515,9
YoY	20,4 %	15,8 %	11,3 %	6,7 %	2,1 %
Opex	231,5	281,0	326,8	363,8	386,9
EBIT	136,0	144,7	146,8	141,5	129,0
EBIT-Marge	37,0 %	34,0 %	31,0 %	28,0 %	25,0 %
τ	31,0 %	31,0 %	31,0 %	31,0 %	31,0 %
$EBIT(1-\tau)$	93,8	99,9	101,3	97,6	89,0

Für die Periode $t+1$ belaufen sich die Kosten des Eigenkapitals auf 9,2 % ($\beta=1,5$, $r_p=4,7\,\%$, $r_f=2,1\,\%$). Der Marktwert des Eigenkapitals liegt derzeit bei 60,0 % des gesamten Unternehmenswertes. In Verbindung mit Kosten des Fremdkapitals r_{Debt} von 7,5 % und einer Steuerquote τ von 31,0 % ergeben sich durchschnittliche Kapitalkosten von 7,6 %. Wir gehen davon aus, dass diese während der Detailplanungsphase konstant bleiben:

	$t+1$	$t+2$	$t+3$	$t+4$	$t+5$
r_{EK}	9,2 %	9,2 %	9,2 %	9,2 %	9,2 %
$\frac{Debt_0}{Debt_0 + EK_0}$	60,0 %	60,0 %	60,0 %	60,0 %	60,0 %
r_{Debt}	5,2 %	5,2 %	5,2 %	5,2 %	5,2 %
WACC	7,6 %	7,6 %	7,6 %	7,6 %	7,6 %
$WACC_{kum}$	7,6 %	15,7 %	24,4 %	33,8 %	44,0 %

Zudem gehen wir davon aus, dass sie sich während der anschließenden Übergangsphase branchentypischen Werten annähern:

	$t+6$	$t+7$	$t+8$	$t+9$	$t+10$
r_{EK}	8,8 %	8,4 %	8,0 %	7,6 %	7,3 %
$\frac{Debt_0}{Debt_0 + EK_0}$	63,0 %	66,0 %	69,0 %	72,0 %	75,0 %
r_{Debt}	5,2 %	5,2 %	5,2 %	5,2 %	5,2 %
WACC	7,4 %	7,3 %	7,1 %	7,0 %	6,7 %
$WACC_{kum}$	54,7 %	66,0 %	77,8 %	90,2 %	103,0 %

Der Autozulieferer weist einen Anfangsbestand des betrieblich gebundenen Kapitals CE_{AB} in Höhe von 85,0 Mio. € auf. Dieser wird sich wie folgt entwickeln:

€ Mio.	$t+1$	$t+2$	$t+3$	$t+4$	$t+5$
CE_{AB}	85,0	92,9	102,4	114,0	128,0
I_n	6,0	7,2	8,6	10,4	12,4
ΔWC	1,9	2,3	2,9	3,7	4,6
CE_{EB}	92,9	102,4	114,0	128,0	145,0

bzw.

€ Mio.	$t+6$	$t+7$	$t+8$	$t+9$	$t+10$
CE_{AB}	145,0	161,9	178,3	194,0	209,0
I_n	12,2	12,0	12,1	12,6	13,5
ΔWC	4,7	4,4	3,6	2,4	0,8
CE_{EB}	161,9	178,3	194,0	209,0	223,3

Bezogen auf die jeweiligen Anfangsbestände, die allein für die betriebliche Wertschöpfung zur Verfügung gestanden haben, ergeben sich folgende Opportunitätskosten:

€ Mio.	$t+1$	$t+2$	$t+3$	$t+4$	$t+5$	$t+6$	$t+7$	$t+8$	$t+9$	$t+10$
WACC·CE	6,4	7,0	7,7	8,6	9,7	10,8	11,8	12,7	13,5	14,1

Aus dem Betriebsergebnis nach Steuern EBIT$(1-\tau)$ und den Opportunitätskosten berechnen wir die ökonomische Wertschöpfung EP:

€ Mio.	$t+1$	$t+2$	$t+3$	$t+4$	$t+5$	$t+6$	$t+7$	$t+8$	$t+9$	$t+10$
EBIT$(1-\tau)$	34,5	43,1	53,9	67,4	84,2	93,8	99,9	101,3	97,6	89,0
WACC·CE	6,4	7,0	7,7	8,6	9,7	10,8	11,8	12,7	13,5	14,1
EP	28,1	36,1	46,2	58,8	74,6	83,0	88,0	88,6	84,1	74,9

Deren Barwerte EP_0

€ Mio.	$t+1$	$t+2$	$t+3$	$t+4$	$t+5$	$t+6$	$t+7$	$t+8$	$t+9$	$t+10$
EP_0	26,1	31,2	37,1	43,9	51,8	53,7	53,0	49,8	44,2	36,9

summieren sich auf 427,8 Mio. €.

Etwas komplizierter wird die Berechnung der Wertschöpfung im Terminal Value. Wie wir oben gesehen haben, ergibt sich die Rentabilität eines Unternehmens im Terminal Value aus folgendem Zusammenhang:

$$\text{ROCE} = \frac{g_{\text{FCFF}}}{\varepsilon}$$

Zur Berechnung der Investitionsquote ε ist es erforderlich, auf den Freien Cashflow to the Firm zurückzugreifen, den wir im DCF-Modell bereits ermittelt haben:

€ Mio.	$t+1$	$t+2$	$t+3$	$t+4$	$t+5$	$t+6$	$t+7$	$t+8$	$t+9$	$t+10$
EBIT $(1-t)$	34,5	43,1	53,9	67,4	84,2	93,8	99,9	101,3	97,6	89,0
Capex	10,2	12,2	14,7	17,6	21,2	22,3	23,5	24,6	25,8	27,0
Dep	4,2	5,0	6,0	7,3	8,7	10,1	11,4	12,5	13,2	13,5
ΔWC	1,9	2,3	2,9	3,7	4,6	4,7	4,4	3,6	2,4	0,8
FCFF	26,6	33,6	42,3	53,4	67,2	77,0	83,5	85,6	82,6	74,7

Aus den Angaben des Jahres $t+10$ ergibt sich die Investitionsquote ε aus

$$\varepsilon = \frac{I_n + \Delta \text{WC}}{\text{EBIT}(1-\tau)} = \frac{27,0 - 13,5 + 0,8}{89,0} = 0,161 = 16,1\,\%$$

Da sich das Wachstum im Terminal Value aus dem risikolosen Zins ableitet, liegt der ROCE im Terminal Value bei:

$$\text{ROCE}_{\text{TV}} = \frac{g_{\text{FCFF}}}{\varepsilon} = \frac{2,1\,\%}{16,1\,\%} = 0,131 = 13,1\,\%$$

und das investierte Kapital im Terminal Value bei:

$$\text{CE}_{\text{TV}} = \frac{\text{EBIT}(1-\tau)}{\text{ROCE}_{\text{TV}}} = \frac{89,0}{0,131} = 694,5$$

Nun lassen sich auch die Opportunitätskosten im Terminal Value ermitteln:

$$\text{WACC} \cdot \text{CE} = 0,067 \cdot 694,5 = 46,9$$

Das versteuerte EBIT im Terminal Value ergibt sich unmittelbar aus seinem Vorjahreswert:

$$\text{EBIT}(1-\tau)_{\text{TV}} = (1+r_f)\text{EBIT}(1-\tau)_{\text{TV-1}} = (1+0{,}021)89{,}0 = 90{,}9$$

Daraus wiederum lässt sich der ökonomische Gewinn im Terminal Value EP_{TV} ableiten:

$$\text{EP}_{\text{TV}} = \text{EBIT}(1-\tau) - \text{WACC} \cdot \text{CE} = 90{,}9 - 46{,}9 = 44{,}0$$

Nach dessen „Verrentung" ergibt sich ein Marktwert von:

$$\text{TV}_T = \frac{\text{EP}_{\text{TV}}}{\text{WACC}_{\text{TV}} - g_{\text{FCFF,TV}}} = \frac{44{,}0}{0{,}067 - 0{,}021} = 947{,}2$$

bzw. ein Barwert von:

$$\text{TV}_0 = \frac{\text{TV}_T}{\text{kumWACC}_{\text{TV}}} = \frac{947{,}2}{2{,}030} = 466{,}6$$

Nun haben wir zwei Komponenten des Unternehmenswertes ermittelt, die Barwerte der Economic Profits während der Detail- und Übergangsphase (427,8 Mio. €) und den Terminal Value (466,6 Mio. €). Um zum Unternehmenswert zu gelangen, sind zwei weitere Anpassungen erforderlich. Zum einen ist der Anfangsbestand des investierten Kapitals, also 85,0 Mio. €, hinzuzurechnen. Um diesen mit den Annahmen des stabilen Wachstums während des Terminal Value in Einklang zu bringen, ist auch die Veränderung des investierten Kapitals im Terminal Value zu betrachten, also:

$$\Delta\text{CE}_{\text{TV}} = \text{CE}_{\text{TV}} - \text{CE}_{\text{TV-1}} = 694{,}5 - 223{,}3 = 471{,}2$$

von dem natürlich der Barwert zu berechnen ist, also:

$$\Delta\text{CE}_{\text{TV,0}} = \frac{471{,}2}{2{,}030} = 232{,}1$$

Alles zusammengerechnet ergibt sich aus dem Wertschöpfungsmodell ein Enterprise Value von

$$EV_0 = \sum_{t+1}^{n} EP_0 + EP_{TV,0} + CE_0 + \Delta CE_{TV,0}$$
$$= 427{,}8 + 466{,}6 + 85{,}0 + 232{,}1 = 1.211{,}4$$

und nach Abzug der zinstragenden Verbindlichkeiten ein Equity Value V_0 von 1.111,4 Mio. €. Dies entspricht exakt dem Wert, den wir für unseren Autozulieferer im dreistufigen FCFF-Modell ermittelt haben. Damit zeigt sich, dass DCF-Modell und Wertschöpfungsmodell, sofern korrekte Annahmen getroffen wurden, zum grundsätzlich gleichen Ergebnis führen.

Kritik am Wertschöpfungskonzept Befürworter von Wertschöpfungsmodellen argumentieren in der Regel, dass diese Modelle gleichzeitig zur Ermittlung des Unternehmenswertes und als Managementwerkzeug zur Förderung der Werttreiber verwendet werden können. Sie behaupten ferner, Wertschöpfungsmodelle brächten völlig neue Elemente in die Unternehmensbewertung ein, sodass sie unabhängig von buchhalterischen Manipulationsversuchen des Managements sind.

Hintergrund
G. Bennett Stewart, einer der Erfinder des EVA™-Ansatzes, hat in seinen Arbeiten die These aufgestellt, dass der Unternehmenswert maßgeblich durch die „Lead Stears", also die besonders sachkundigen (institutionellen) Investoren, beeinflusst wird, deren Investitionsentscheidungen ausschließlich auf den vereinnahmten Cashflows und den zu ihrer Erzeugung hingenommenen Kosten begründet sind.

Zweifelsohne besteht eine Stärke des Wertschöpfungsansatzes in der Einfachheit seiner Anwendung, in der hohen Verständlichkeit und in der praxisbezogenen Implementierungsfähigkeit. Für Unternehmensberater sind Wertschöpfungsmodelle eine willkommene Gelegenheit, die eigene Beratungsgesellschaft zu präsentieren. Die Generierung von „Werten" findet inzwischen in einer solchen Vielfalt von Akronymen statt – Economic Value Added (EVA™), Market Value Added (MVA), Cashflow Return on Investment (CFROI), Cash Return on Capital Invested (CROCI) –, dass man leicht den Überblick verlieren kann. In diesem Zusammenhang wird Wertschöpfungsmodellen häufig vorgeworfen, dass die durchgeführten Anpassungen sehr subjektiv, Adjustierungsfaktoren wenig durchschaubar und damit schließlich vom Management manipulierbar seien. Sowohl der betriebliche Gewinn nach Steuern NOPAT als auch das investierte Kapital CE sind in hohem Maße von buchhalterischen Gepflogenheiten abhängig, was sich insbesondere bei etablierten Gesellschaften in der Reifephase bemerkbar machen kann. Daher kann es sinnvoll sein, die Adjustierungsmaßnahmen genau zu überprüfen.

Behält man dies im Hinterkopf, lässt sich die verschiedentlich vertretene Meinung, Wertschöpfungsmodelle seien einfacher und würden weniger Inputdaten erfordern als DCF-Modelle, nicht aufrechterhalten. Kann ein FCFF-Modell noch allein aus den erwirtschafteten Cashflows und den involvierten Diskontierungssätzen erstellt werden, sind für ein Wertschöpfungsmodell zahlreiche weitere Angaben erforderlich, zum Beispiel über das investierte Kapital oder die durchgeführten Bereinigungsmaßnahmen.

Ein weiterer Einwand gegen das Mehrwertkonzept ist, dass es zwar ein anschauliches Bewertungsverfahren sein mag, aber kein grundlegend neues – ist es doch, genau betrachtet, nicht viel mehr als eine gewöhnliche Net-Present-Value-Investitionsrechnung.

Wertschöpfungsmodelle übernehmen in der Realität die Rolle eines Steuerungsinstruments, um das Management auf jene Faktoren zu fokussieren, die den Unternehmenswert nachhaltig steigern können: Profitabilität und effizienter Kapitaleinsatz. In vielen Unternehmen sind sie sogar das wichtigste einzelne Kriterium für die Vergabe der leistungsabhängigen Gehaltsbestandteile von Führungskräften. Diese Entwicklung kann allerdings zu einer Verzerrung der Investitionsentscheidungen führen: Investitionen in riskantere, aber langfristig womöglich überdurchschnittlich lukrative Objekte dürften in einer Welt, in der das Management kurzfristig von Wertschöpfungsmodellen kompensiert wird, eher nicht durchgeführt werden. Darüber hinaus tendieren durch Wertschöpfungsmodelle incentivierte Unternehmenslenker dazu, das investierte Kapital etwa durch Restrukturierungsmaßnahmen zu reduzieren. Dies muss jedoch nicht zwangsläufig zu einer Erhöhung des Unternehmenswertes führen, wenn nämlich ein Unternehmen den kurzfristigen Wertschöpfungsbeitrag zulasten des zukünftigen Wertschöpfungsbeitrags steigert.

Bepreisungsverfahren

3

Nowadays people know the price of everything and the value of nothing.
Oscar Wilde (1854–1900), irischer Schriftsteller

In Kap. 1 „Unbequeme Wahrheiten" haben wir uns mit inneren Werten befasst. Darunter verstehen wir den Wert eines Vermögensgegenstands, der aus dessen Fundamentaldaten abgeleitet wird, im Wesentlichen also aus seinen Cashflows, aus den Wachstumserwartungen und den damit verbundenen Risiken. Doch nicht für alle Vermögensgegenstände lassen sich innere Werte ableiten: Was für Unternehmen, Aktien oder Anleihen gilt, ist auf Kunstwerke, Sammelobjekte, Edelsteine und auch Gold nicht anwendbar. Sie erwirtschaften keine Cashflows, der Besitzer kann also keinen unmittelbaren wirtschaftlichen Nutzen aus ihnen ziehen. Ihre Werte entstehen ausschließlich aus dem Wunsch von Menschen, sie zu besitzen.

Dennoch kann man versuchen, auch für solche Vermögensgegenstände einen Marktpreis zu ermitteln, und zwar, indem man ihre Preise vergleicht. Man untersucht, welchen Preis andere Marktteilnehmer für einen vergleichbaren Gegenstand zu zahlen bereit waren. Ein Auktionator wird sich an den Preisen orientieren, die auf früheren Versteigerungen für Werke des Künstlers erzielt wurden, und diese um die spezifischen Besonderheiten des jeweiligen Kunstwerks adjustieren. Ein Investor kann anhand der Preise vergleichbarer Unternehmen versuchen, für das zu bewertende Unternehmen einen Preis zu finden.

Die Effizienz der Kapitalmärkte Informationseffiziente Kapitalmärkte vorausgesetzt, soll durch eine Multiplikatorbewertung die Frage beantwortet werden, ob ein Unternehmen im Vergleich zu einem anderen über- oder unterbewertet ist. Damit ähneln Vergleichsgruppenmodelle mehr einem Bepreisungs- als einem Bewertungsverfahren, zumal Multiplikatoren zwischen verschiedenen Märkten,

P. T. Hasler, *Quintessenz der Unternehmensbewertung*, Quintessenz-Reihe,
DOI 10.1007/978-3-642-36478-5_3, © Springer-Verlag Berlin Heidelberg 2013

Branchen, Subsektoren sowie Unternehmen und auch im Zeitablauf variieren können: Was in einem Markt, einer Branche oder einem Subsektor zu einem gegebenen Zeitpunkt günstig erscheinen mag, gilt in anderen als teuer, was in einem Jahr in einer Branche zum Kauf empfohlen wird, ist in einem anderen Jahr Gegenstand einer Verkaufsempfehlung.

Dies gilt umso mehr, als Finanzanalysten in den Investmentbanken und ihre wichtigsten Kunden, die globalen Portfoliomanager, in der Regel auf bestimmte Branchen und Sektoren spezialisiert sind, zum Beispiel auf Software- oder Telekommunikationsunternehmen. Sie können innerhalb ihres abgeschlossenen Universums zwar überbewertete Unternehmen von unterbewerteten unterscheiden, nicht aber beurteilen, ob ein Logistikunternehmen gegenüber einem Autozulieferer oder einem Pay-TV-Sender attraktiv bewertet ist oder nicht. Insbesondere lässt sich aus der Einschätzung, welche Vermögenswerte, welche erwarteten Gewinne oder welche Dividenden zu einer bestimmten Aktie alternativ erworben werden können – aus den Opportunitätskosten einer Aktie also – keine Aussage darüber treffen, wie hoch der absolute innere Wert dieser Aktie ist.

In regelmäßigen Abständen entstehen aufgrund der daraus resultierenden Betriebsblindheit der Bewerter sogenannte Bewertungsblasen. Dann nämlich werden stark überbewertete Unternehmen mit weniger stark überbewerteten Unternehmen verglichen; was als Unterbewertung eines einzelnen Unternehmens erscheint, könnte tatsächlich eine Überbewertung des ganzen Sektors oder sogar des Kapitalmarkts bedeuten. Mit anderen Worten: Allein die Tatsache, dass Multiplikatorverfahren an den Kapitalmärkten von vielen „Professionals" verwendet werden, ist kein Argument für ihre Eignung, Unternehmenswerte korrekt zu bestimmen.

Hinzu kommt, dass die Multiplikatorbewertung eine erstaunliche Sicht auf die Effizienz der Kapitalmärkte einnimmt: Nicht nur, dass mit der Bildung von Durchschnittswerten angenommen wird, es handele sich bei dem zu bewertenden Unternehmen um ein durchschnittliches Unternehmen, es wird auch unterstellt, dass zwar das zu bewertende Unternehmen falsch bepreist ist, nicht aber die in der Vergleichsgruppe befindlichen Werte, an denen sich die Bewertung orientiert. In den Augen der relativen Unternehmensbewerter gilt die Effizienz der Kapitalmärkte also nur für die Peergroup, während sich die Kapitalmärkte bezüglich des zu bewertenden Unternehmens ineffizient verhalten. Darüber hinaus muss sich diese Ineffizienz, nachdem sie mithilfe der Multiplikatorbewertung aufgedeckt wurde, sukzessive auflösen, da mit dauerhaft unterbewerteten Aktien keine Performance zu generieren ist. Für diese *Mean Reversion* ist ein Katalysator erforderlich, der sich herausbilden kann, aber nicht muss.

Gehen wir ungeachtet dessen davon aus, dass Kapitalmärkte effizient sind und Aktien grundsätzlich zwar richtig bewertet werden, es aber in Einzelfällen zu Fehlbewertungen kommen kann, ist es nur der konsequente nächste Schritt, den aus einem DCF-Modell ermittelten inneren Unternehmenswert mit einem beobachtbaren Marktpreis zu vergleichen. Der innere Wert mag zwar theoretisch korrekt ermittelt worden sein, sagt aber nichts darüber aus, ob Investoren auch tatsächlich bereit sind, ihn zu bezahlen oder überhaupt erst zu ermitteln. Denn den meisten von uns würde es nicht im Traum einfallen, für ihre täglichen Bedürfnisse einen inneren Wert zu berechnen, etwa für Lebensmittel, oder selbst bei bedeutenderen Entscheidungen wie dem Kauf eines Hauses. Allenfalls vergleichen wir Preise und Qualitäten von Supermärkten mit Bio-Fachmärkten und dem Kiosk an der Ecke. Die Frage nach dem theoretisch „wahren" Wert eines Wirtschaftsgutes umgehen wir, indem wir uns eines vergleichenden Bewertungsmaßstabs bedienen, den wir nun auf das betrachtete Wirtschaftsgut anlegen.

3.1 Grundlagen der Multiplikatorbewertung

Ich kann es nicht ändern, dass sich meine Bilder nicht verkaufen. Aber die Zeit wird kommen, in der die Menschen erkennen, dass sie mehr wert sind als die Farbe, mit der sie gemalt sind.
Vincent van Gogh (1853–1890), niederländischer Maler

Nicht nur bei Immobilien oder Häusern, auch an den Kapitalmärkten kann man vergleichend vorgehen, indem man das in den Aktienkursen oder Transaktionspreisen „gespeicherte" Marktwissen auf andere Unternehmen überträgt, und zwar durch die Bildung von Multiplikatoren. Multiplikatoren sind Kennzahlen, die sich aus Strom- (z. B. Umsatz, Ertrag oder Cashflow) oder Bestandsgrößen (z. B. Net Asset Value, Zahl der Abonnenten) und einer Wertgröße (z. B. Börsenkurse, Transaktionspreise) zusammensetzen. Multiplikatoren repräsentieren das Vielfache, das für die betreffende Bezugsgröße zu einem bestimmten Zeitpunkt von anderen Marktteilnehmern bezahlt wird. Überträgt man den aus einer Vergleichsgruppe, den Peers, abgeleiteten Durchschnittsmultiplikator auf eine korrespondierende Einheit eines ausgewählten Zielunternehmens *i*, erhält man den marktgerechten Unternehmenswert des Zielunternehmens:

$$V_{0,i} = \frac{\text{Marktpreis}_{\text{Peer}}}{\text{Bezugsgröße}_{\text{Peer}}} \text{Bezugsgröße}_i$$

Die Unternehmensbewertung über Vergleichsunternehmen und Multiplikatoren ist also nichts anderes als die Anwendung des ökonomischen Grundsatzes des „law

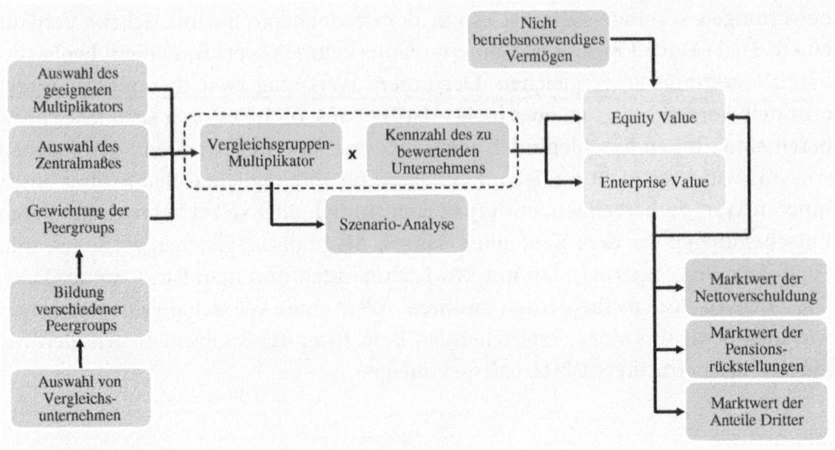

Abb. 3.1 Multiplikatorverfahren im Überblick

of one price", wonach gleiche Vermögensbestandteile auch gleiche Marktpreise haben (sollten). Wäre es anders – würden zum Beispiel zwei Unternehmen, die nach Höhe, Zeitpunkt und Risiko identische Cashflows versprechen, am Kapitalmarkt nicht zu demselben Preis bewertet werden –, würde eine risikolose Arbitragemöglichkeit existieren, die gegen das zentrale Paradigma der Finanzierungstheorie verstoßen würde, wonach Marktteilnehmer nicht die dauerhafte Möglichkeit besitzen dürfen, ihren Wohlstand durch eine bloße Vermögensumschichtung nachhaltig zu vermehren.

Abbildung 3.1 gibt einen Überblick über die Multiplikatormethode.

Auswahl der Vergleichsunternehmen Grundsätzlich basiert die Multiplikatormethode auf einem Vergleich ähnlicher Unternehmen anhand einer einfachen Regressionsanalyse. Allerdings verbirgt sich in der Beschreibung „ähnlich" ein beträchtlicher Interpretationsspielraum, da die zu Referenzzwecken herangezogenen Unternehmen nicht in allen Punkten mit dem Bewertungsobjekt übereinstimmen können. Damit kommt ein gestalterisches Element des Bewerters ins Spiel. Dass ein Unternehmen in der Vergleichsgruppe auftaucht und ein anderes nicht, hat möglicherweise etwas mit der Nachlässigkeit des Bewerters zu tun, unter Umständen aber auch damit, dass durch Weglassen ein für die Bewertung günstigerer Multiplikator ermittelt werden soll – womöglich, um eine Kauf- oder Verkaufsempfehlung überhaupt erst herbeizuführen.

Theoretisch wäre es völlig ausreichend, Unternehmen miteinander zu vergleichen, die einander bezüglich ihrer bewertungsrelevanten Charakteristika – Höhe der Cashflows und deren Veränderung im Zeitablauf sowie die mit ihrer Erwirtschaftung verbundenen Risiken – ähneln. Theoretisch könnten damit Unternehmen verglichen werden, die nicht aus derselben Branche stammen, solange nur die angesprochenen Charakteristika ähnlich sind. In der Praxis wird ein derartiger interdisziplinärer Vergleich branchenfremder Unternehmen allenfalls bei Spezialwerten toleriert werden, etwa weil diese einzigartig in ihrem Bereich sind bzw. diese so dominieren, dass keine börsennotierten Vergleichsunternehmen vorhanden sind, oder weil sie als First Mover (noch) ohne Nachfolger sind. In allen anderen Fällen wird eine relative Unternehmensbewertung immer anhand von Unternehmen desselben Geschäftsbereichs (enge Auslegung) oder derselben Branche bzw. Industrie (weite Auslegung) durchgeführt. Durch diese Vorgehensweise wird sichergestellt, dass Unternehmen in vergleichbaren Märkten und in derselben Phase ihres Lebenszyklus miteinander verglichen werden. Darüber hinaus sollten nur Unternehmen ähnlicher Größe miteinander verglichen werden.

Problematisch und dennoch immer wieder zu beobachten ist der Vergleich eines Newcomers mit dem Marktführer seiner Branche. Letztere werden an den Börsen nicht umsonst mit einem Bewertungsaufschlag gehandelt, der sich aus der überlegenen Organisation des Marktführers, den langjährigen Kundenbeziehungen und höheren Profitabilitätskennzahlen speist. Im Idealfall stimmen die Unternehmen auch noch in puncto Ertragslage und geografischer Präsenz überein, und auch eher technische Faktoren wie Aktionärsstruktur oder die Liquidität der Aktie können eine bewertungsrelevante Rolle spielen, die einen Vergleich unterschiedlich positionierter Unternehmen unmöglich macht.

Letztlich stellt die Auswahl von Vergleichswerten immer einen Kompromiss dar. Doch welche der genannten Kriterien müssen in jedem Fall erfüllt sein? Auf welche können wir notfalls verzichten? In jedem Fall sollte sichergestellt sein, dass die Werttreiber der Referenzunternehmen mit denen des Bewertungsobjekts übereinstimmen. Aus diesem Grund können zum Beispiel abonnentenbasierte Umsatzmodelle nicht mit werbefinanzierten verglichen werden, transaktionsbasierte nicht mit distributionsbasierten, Hersteller nicht mit Händlern.

Beispiel

Einen Pay-TV-Sender wie Sky Deutschland mit einem Free-TV-Sender wie ProSiebenSat.1 Media zu vergleichen, verstößt gegen diese Forderung. Zwar stammen beide Unternehmen im weiteren Sinne aus der Medienbranche, im engeren Sinne sind beide Firmen Fernsehsender. Doch die Wertentwicklung des einen ist von der Zahl der Abonnenten und ihrem durchschnittlichen Ertragsbeitrag, dem ARPU, abhängig, die des anderen hängt von der Bereitschaft der gesamten Volkswirtschaft ab, in Werbung zu investieren.

Auch bezüglich der richtigen Größe einer Referenzgruppe sind ein paar Daumenregeln zu nennen. Zwei Unternehmen sind in jedem Fall zu wenig, fünf sollten es mindestens sein, und dass mehr besser ist als weniger, gilt in den meisten Fällen. Schließlich kommt auch der gesunde Menschenverstand zum Tragen: Gibt es Hunderte von Vergleichsunternehmen, etwa im Bereich des globalen Maschinenbaus oder der Softwareentwicklung, kann die Auswahl selektiver erfolgen, als wenn es nur wenige Hersteller gibt, beispielsweise in kapitalintensiven Branchen wie der Telekommunikation oder der Energieversorgung. Dort wird ein Bewerter typischerweise alle gängigen Versorgungsunternehmen in die Referenzgruppe aufnehmen bzw. diese bestenfalls nach regionalen Gesichtspunkten untergliedern. Müssen dagegen die Aufnahmeanforderungen gelockert werden, um die angestrebte Mindestgröße der Peergroup und eine Glättung der Multiplikatoren zu erreichen, wird dies auch die Aussagekraft der Unternehmensbewertung einschränken.

Da das Spektrum an vergleichbaren Unternehmen im Inland relativ klein ist und unter Umständen an den Heimatbörsen kein vergleichbares Unternehmen notiert ist, können auch ausländische Unternehmen in Referenzgruppen aufgenommen werden. Gerade die genannten Bezahlsender sind in ihren Heimatmärkten ausnahmslos Monopolisten, sodass Sky Deutschland üblicherweise mit der britischen BSkyB oder der italienischen Mediaset verglichen wird. Eine ähnliche Vorgehensweise ist trotz Deregulierung der Telekommunikationsmärkte auch für die Bewertung von Telekommunikationsanbietern gegeben, die auf ihren Heimatmärkten nur auf geringen Wettbewerb stoßen. Unterschiedliche Rechnungslegungsvorschriften (HGB, IFRS, US-GAAP und andere nationale GAAP) und Steuergesetze verringern allerdings den Grad an Verlässlichkeit, mit dem über die Vergleichsgruppe ein aussagekräftiger Multiplikator definiert werden kann. Und auch kulturelle Unterschiede können sich in den Bewertungsmultiplikatoren niederschlagen: So weisen japanische Unternehmen häufig atypische Bewertungsmuster auf, aus denen sich für die Einschätzung europäischer Unternehmen keine statistisch relevanten Aussagen ableiten lassen.

Festlegung des Zentralmaßes Wenn die Peergroup feststeht, ist eine Entscheidung bezüglich des verwendeten Zentralmaßes zu treffen, anhand dessen die Aggregation zu erfolgen hat. Arithmetische Mittelwerte können gerade bei kleineren Referenzgruppen durch Extremwerte verfälscht werden, und zwar – da Multiplikatoren per Definition nicht negativ werden können – tendenziell zum oberen Ende der

Werteskala. Schreitet ein Unternehmen gerade durch den Turnaround und sind die Ergebniskennzahlen noch entsprechend gering, beispielsweise beim Ergebnis je Aktie im niedrigen Cent-Bereich, kann eine Aktie sogar mit dem 1.000-fachen Ergebnis des laufenden Jahres bewertet werden. Werden solche natürlich absurden Ergebnisse bei der Multiplikatorberechnung nicht bereinigt, verschiebt sich der arithmetische Durchschnittswert nach oben, und es entstehen stark rechtsschiefe Verteilungen. Um derartige Verzerrungen zu vermeiden, bietet es sich an, geometrische oder harmonische Mittelwerte einzusetzen. Alternativ kann bei großen Vergleichsgruppen der Mittelwert ohne Einbeziehung der Extrema berechnet oder der Median als das bestimmende Zentralmaß gewählt werden. Auch besteht die Möglichkeit, Multiplikatorwerte auf eine bestimmte Bandbreite zu begrenzen, etwa um Ausprägungen jenseits eines festgelegten Maximalwertes zu verhindern.

Hintergrund
Beim geometrischen Mittel wird zunächst das Produkt über alle n Multiplikatoren der Beobachtungen ermittelt, um anschließend durch die Ziehung der n-ten Wurzel einen aggregierten zentralen Wert der Verteilung zu bestimmen. Beim harmonischen Mittel dagegen wird der Kehrwert der einzelnen Multiplikatoren ermittelt und der Durchschnitt gebildet; der Kehrwert dieses Durchschnitts wiederum stellt das harmonische Mittel dar. Der Median ist der Wert, der die oberen 50 % der berechneten Multiplikatoren von den unteren 50 % trennt.

Die Wahl des richtigen Multiplikators Die dritte Entscheidung, die der Bewerter a priori treffen muss, betrifft die Wahl des Multiplikators. Der Multiplikator gibt den Preis an, den ein Investor zu bezahlen hat, um eine Bewertungseinheit eines Unternehmens zu erwerben. Waren in den Anfangstagen der professionellen Unternehmensbewertung das Kurs-Buchwert- und das Kurs-Gewinn-Verhältnis die gemeinhin akzeptierten substanzwert- bzw. ertragsorientierten Bewertungsverfahren, sind heute auch das KCF-Verhältnis, die PEG-Ratio oder Enterprise-Value-basierte Kennzahlen wie EV/Umsatz oder EV/EBIT(DA) gängige Bewertungsmethoden. Selbst sogenannte Non-Financials kommen zum Beispiel in abonnentenbasierten Geschäftsmodellen zum Einsatz, solange nur unterstellt werden kann, dass sie mit der Wertschöpfung des Unternehmens positiv korreliert sind.

Ähnlich den Diskontierungsmodellen ist auch bei der Multiplikatorbewertung zu entscheiden, ob ein Unternehmen auf der Ebene des Gesamtkapitals (Entity) oder auf der des Eigenkapitals (Equity) zu bewerten ist. Dabei gibt grundsätzlich der Nenner vor, welche Größe im Zähler des Multiplikators zu stehen hat: Ist der Zähler eine Kennzahl, die die gesamte operative Ertragskraft eines Unternehmens ohne Rücksicht auf Finanzierungsentscheidungen widerspiegelt, muss sich auch die Bezugsgröße im Nenner aus Eigen- und aus Fremdkapital speisen. Ist der Zähler eine Kennzahl, die nur das Eigenkapital bewertet, ist auch im Nenner eine Bezugsgröße zu wählen, die nur den Eigenkapitalgebern zur Verfügung steht.

Hintergrund
Auch wenn es inkonsistent ist, eine Kennzahl zu bilden, die sich aus dem Gesamtkapital und einer auf dem Eigenkapital basierenden Größe zusammensetzt, sind derartige Mischformen in der Realität häufig anzutreffen. Ein klassisches Beispiel für derartige Inkongruenzen ist das Kurs-Umsatz-Verhältnis: Bei ihm steht im Nenner eine unternehmensbezogene Kennzahl, der Umsatz, während der Zähler von einer eigenkapitalspezifischen Größe gebildet wird. Selbst wenn die ganze Branche gleichermaßen von dieser Inkongruenz betroffen wäre, kann daraus keine Legitimität dieser Kennzahl abgeleitet werden. Zwei unterschiedlich verschuldete Unternehmen mögen zwar gleich bewertet sein, jedoch ist die Aktie des höher verschuldeten Unternehmens unter sonst gleichen Bedingungen relativ überbewertet, die des weniger verschuldeten Unternehmens relativ unterbewertet.

Damit können zwei grundsätzliche Typen von Multiplikatoren gebildet werden:

- Equity-Multiplikatoren: Bei ihrer Berechnung wird der Marktwert des Eigenkapitals der Peergroup und des zu bewertenden Unternehmens verwendet. Folglich werden auch die darauf basierenden Erfolgsgrößen allein vom Eigenkapital erwirtschaftet. Beispiele hierfür sind das Kurs-Gewinn- und das Kurs-Buchwert-Verhältnis.
- Enterprise-Value-Multiplikatoren: Sie bauen im Zähler und im Nenner auf den gesamten Unternehmenswert auf. EV-Multiplikatoren beziehen sich dementsprechend auf Erfolgsgrößen vor Abzug von Fremdkapitalzinsen, also beispielsweise auf den Umsatz, das EBITDA, EBITA oder EBIT oder auch auf Non-Financials wie die Anzahl der Abonnenten bei abonnentenbasierten Geschäftsmodellen oder die Anzahl der Unique User bei Internetwerten.

Abbildung 3.2 zeigt Multiplikatoren und typische Industriesektoren.

Abschließend ist auch eine Entscheidung darüber zu treffen, auf welche Weise der Multiplikator berechnet werden soll. Unterschiedliche Berechnungsmöglichkeiten ergeben sich aus folgenden Fragen:

- Sollen historische oder zukunftsbezogene Daten zur Berechnung des Multiplikators verwendet werden? Im Falle historischer Daten ist wiederum zu entscheiden, ob die Kennzahl anhand der letzten 12 Monate (LTM – *Last Twelve Months*) oder des abgelaufenen Geschäftsjahres berechnet werden soll; im Fall prospektiver Daten, ob diese anhand der kommenden 12 Monate (NTM – *Next Twelve Months*) oder des kommenden Geschäftsjahres berechnet werden sollen. Da in den meisten Fällen der Unternehmensbewertung eine fortschreiten-

	Auto	Banken	Bau	Defense	Einzelhandel	Engineering	Food	Healthcare	Immobilien	Medien	Technologie	Telekommunikation	Transport/Logistik	Versicherungen	Versorger
KGV	✓		✓	✓	✓	✓	✓	✓		✓	✓	✓	✓		✓
PEG-Ratio								✓		✓	✓	✓			
EV/Umsatz	✓				✓		✓				✓	✓			
EV/EBITDA	✓		✓	✓	✓	✓	✓	✓		✓	✓	✓	✓		✓
KBV		✓							✓					✓	
KNAV									✓						
KCF	✓		✓	✓	✓	✓	✓	✓			✓		✓		✓
Sonstige		✓							✓	✓	✓	✓		✓	

Abb. 3.2 Multiplikatoren und typische Industriesektoren

de Verbesserung der Ertragslage prognostiziert wird, sind zukunftsgerichtete Multiplikatoren („forward") niedriger als vergangenheitsbasierte („current"). Sind beispielsweise die Folgen einer Investition auf die Bewertungsmultiplikatoren zu bestimmen, kann ein vergangenheitsorientierter Multiplikator nicht die adäquate Bewertungsmethode sein; lassen sich dagegen die Erträge nicht mit hinreichender Genauigkeit bestimmen, etwa weil dies aufgrund einer Rezession nur eingeschränkt möglich ist, ist die Verwendung historischer Multiplikatoren die passendere Methodik.

- Wird die aktuelle Zahl an Aktien („basic") verwendet oder die um zukünftige Wandelanleihen und Aktienoptionen verwässerte („diluted" bzw. „verwässert")?
- Soll das berichtete Ergebnis als Grundlage für die Berechnung des Multiplikators („reported") dienen oder eine um Einmalfaktoren bereinigte Größe („adjusted")?
- Soll der tatsächliche Konsolidierungskreis („reported") verwendet werden oder der um Übernahmen oder Dekonsolidierungen veränderte („pro forma")?

Dass unterschiedliche Quellen zeitgleich unterschiedliche Werte für ein und dieselbe Aktie veröffentlichen, sollte also nicht allzu verwunderlich sein. Unabhängig von der eingesetzten Methodik ist bei der Bildung von Peergroups sorgfältig darauf zu achten, dass die Multiplikatoren für alle Unternehmen identisch berechnet werden. Professionelle Datenbankanbieter wie First Call/Thomson Financial berechnen das *forward P/E* einer Aktie auf zwei Arten:

- als Durchschnittswert der Ergebnisschätzungen des laufenden Geschäftsjahres, für das den Analysten unter Umständen bereits einige Ist-Quartalszahlen zur Verfügung stehen (FY1, also Fiscal Year 1), und
- als Durchschnittswert der Ergebnisschätzungen des folgenden Geschäftsjahres, das vollständig auf Analystenschätzungen basiert (FY2). Gemäß dieser Diktion steht das *forward P/E* nach First Call im Gegensatz zum *current P/E*, das ausschließlich auf dem zuletzt veröffentlichten Jahresergebnis basiert.

Hintergrund
Empirischen Studien zufolge sind prospektive Multiplikatoren bessere Indikatoren für die Wertentwicklung eines Unternehmens als vergangenheitsbasierte. Bei vorwärtsgerichteten Kennzahlen beschränkt sich der Kapitalmarkt in der Regel auf die Prognose der Ergebnisse je Aktie des laufenden und des folgenden Geschäftsjahres. Mit fortschreitendem Jahresverlauf steigt die Prognosegenauigkeit deutlich an. Unter Umständen bleiben nur noch ein Quartal des laufenden Jahres und das komplette Folgejahr zu schätzen. Spätestens im Dezember werden Bewerter daher auch die Prognose des übernächsten Geschäftsjahres in ihr Kalkül einbeziehen. Ausnahmen sind etwa der textile Einzelhandel und die Spielwaren- bzw. Softwareindustrie, für die das vierte Quartal von so überragender Bedeutung auf den Jahreserfolg ist, dass ein verregneter oder ungewöhnlich warmer Winter die Ergebnisse der ersten neun Monate buchstäblich „verhageln" kann.

Weisen die Unternehmen in der Peergroup voneinander abweichende Geschäftsjahre auf, kann der unbereinigte Vergleich der einzelnen Multiplikatoren gerade bei Wachstumsunternehmen zu Inkonsistenzen führen. In diesen Fällen sollte der Bewerter seine Kennzahlen linear aus den Kennzahlen zweier Geschäftsjahre zusammensetzen: Von einem Unternehmen, dessen Geschäftsjahr zum 31.3. endet, werden zur Berechnung der Kennzahl des Jahres t drei Monate des Geschäftsjahres $t - 1$ und neun Monate des Geschäftsjahres t verwendet.

Vor- und Nachteile der Multiplikatorbewertung Angesichts dieses Methodenpluralismus wenden Kritiker häufig ein, Unternehmensbewerter würden kurzerhand denjenigen Multiplikator auswählen, der ihre a priori gefällten Meinungen am besten untermauert. Soll also ein Kaufurteil unterstützt werden, würden sich Bewerter tendenziell für diejenigen Multiplikatoren entscheiden, die für das Bewertungsobjekt die stärkste Unterbewertung suggerieren. In der Rechtfertigung eines „Sell-Ratings“ würde sich der Bewerter dagegen für den Multiplikator mit dem niedrigsten Kursziel entscheiden. Wer bei dieser Vorstellung bereits entrüstet den Kopf schüttelt, bekäme vermutlich ein Schleudertrauma, wenn er erführe, wie häufig derartige Manipulationen in Broker Reports tatsächlich anzutreffen sind.

Doch wie lässt sich ein Missbrauch ausschließen, wenn einige der Multiplikatoren für das zu bewertende Unternehmen einen höheren Wert ergeben, andere einen deutlich niedrigeren und es letztlich nur einen endgültigen Unternehmenswert geben kann? Eine naheliegende Lösung wäre es, einfach alle sinnvollen Multiplikatoren zu berechnen und zu einen Durchschnittswert zu aggregieren. Leider hat die Einfachheit ihren Preis: Werden Multiplikatoren zu einem Durchschnittswert vermengt, werden die unteren und oberen Enden der Bandbreite so weit voneinander entfernt sein, dass die Aussagekraft der Unternehmensbewertung völlig entstellt wird. In der Praxis wird man daher eine oder höchstens zwei Kennzahlen auswählen und sich idealerweise auf jene Kennzahlen – unter den sinnvollen – fokussieren, die innerhalb des Referenzsektors den höchsten Korrelationskoeffizienten zwischen betrieblicher Wertschöpfung und Börsenwert aufweisen.

Im Zeitalter frei verfügbarer, aggregierter Consensus-Schätzungen ist die relative Unternehmensbewertung deshalb so verbreitet, weil sie den Bewerter von der Prognose langfristiger Umsatz- und Ertragszahlen, der Bilanz und der Kapitalflussrechnung der Referenzgruppe entlastet. Die Kehrseite der Medaille ist, dass sich der Bewerter auf die Prognosearbeit anderer, ihm meist völlig unbekannter Analysten stützen muss, deren analytische Sorgfalt er kaum einschätzen kann. Liegen sämtliche bewertungsrelevanten Informationen für das zu bewertende Unternehmen und auch die gesamte Peergroup auf dem Tisch und sind die Multiplikatoren und die Vergleichswerte sauber definiert, bedarf es vermeintlich keiner weiteren Spezialkenntnisse, um den Unternehmenswert zu berechnen: Ein Kurs-Gewinn-Verhältnis (KGV) von 15,5*x* bedeutet, dass 15,5 Geldeinheiten erforderlich sind, um eine Gewinneinheit zu erwerben. Wird für ein zweites Unternehmen ein KGV von 18,5 aufgerufen, ist dieses im Vergleich zum ersten teurer, zumindest wenn unterstellt wird, dass zwischen dem Unternehmenswert und der verwendeten Bezugsgröße ein positiv korreliertes Verhältnis besteht und wenn die beiden Unternehmen hinsichtlich ihrer Geschäftsmodelle, Wachstumsaussichten und Gewinnmargen sowie ihres Risikos vergleichbar sind.

Dass die Gleichheit von Unternehmen relativ selten ist, liegt auf der Hand. Zuweilen ist die Ähnlichkeit im Bewertungsvergleich richtiggehend konstruiert, was manchen Unternehmensvorstand erregt reagieren lässt, wenn sein Unternehmen von einem Bewerter mit einem in seinen Augen wenig repräsentativen Wettbewerber verglichen wird.

kontierungssätze, je niedriger diese sind. In allgemeinen Niedrigzinsphasen führen daher Gewinnwarnungen von Unternehmen zu wesentlich stärkeren Kurseinbrüchen als in Hochzinsphasen. So lässt sich bei einer Ausschüttungsquote von 50 % und einer Differenz $r_{EK,R} - g_R$ von 0,5 Prozentpunkten ein KGV von 100*x* rechtfertigen. Steigt der Diskontierungssatz um nur 50 Basispunkte an, wird sich das aus dem Fundamental-KGV abgeleitete Kursziel halbieren. Zinsänderungen haben damit für Wachstumswerte weitaus stärkere Auswirkungen als für reife Unternehmen, was auch nachvollziehbar ist: ziehen doch Wachstumsunternehmen einen relativ größeren Anteil ihres Unternehmenswertes aus den zukünftig erwirtschafteten Cashflows als reife Unternehmen; zum Teil ergibt sich überhaupt erst aus dem Terminal Value ein Unternehmenswert im positiven Bereich. Veränderungen des Diskontierungssatzes aufgrund von Veränderungen des allgemeinen Marktzinsniveaus können dementsprechend drastische Veränderungen des Unternehmenswertes nach sich ziehen, da der Barwert aus zukünftig zu tätigenden Investitionen bei Wachstumsunternehmen einen größeren Anteil am Unternehmenswert hat als bei reifen Unternehmen, für die auch die bestehenden Vermögenswerte von hoher Bewertungsrelevanz sind.

Wie bei der Interpretation der Dividendendiskontierungsmodelle (Abschn. 2.2 des Kap. 2 „Bewertungsverfahren“) gezeigt wurde, erwirtschaftet ein Unternehmen, dessen Bilanzkennzahlen und Gewinnkomponenten mit derselben Wachstumsrate g wachsen, eine Eigenkapitalrendite ROE, die aus folgender Beziehung abgeleitet werden kann:

$$g = (1 - \delta)\mathrm{ROE}$$

Die Wachstumsrate des Unternehmens g ist also abhängig von der Ausschüttungsquote δ und der Höhe der Eigenkapitalrendite ROE. Je höher die Thesaurierungsquote $(1-\delta)$ und je höher die Eigenkapitalrendite, desto höher fällt das zukünftige Wachstum aus und umgekehrt. Setzen wir diesen Zusammenhang in die Fundamentalgleichung des KGV ein, so ergibt sich nach Umformung folgender Zusammenhang:

$$\mathrm{KGV} = \frac{\mathrm{ROE} - g_R}{\mathrm{ROE}(r_{EK,R} - g_R)}, \quad \text{für} \quad \mathrm{ROE} > r_{EK,R} > g_R$$

Dadurch kommt auch der Eigenkapitalrentabilität eine bewertungsrelevante Rolle zu, denn zwischen ROE und KGV ist ein positiver Zusammenhang festzuhalten: Je höher die Eigenkapitalrentabilität ROE und das erwartete Wachstum g_R und je niedriger die Kapitalkosten $r_{EK,R}$ sind, desto größer ist das erwartete KGV. Ein

Unternehmen mit niedriger Eigenkapitalrendite müsste, um dieselbe Bewertung wie ein profitableres Unternehmen zu rechtfertigen, wesentlich höhere Anteile seines operativen Ergebnisses investieren als sein profitableres Pendant.

Um den Wert ihres Unternehmens zu steigern, steht für Vorstände von Wachstumsunternehmen meist die Steigerung ihres Wachstums im Vordergrund, während Vorstände von Value Stocks unter keinen Umständen einen Rückgang der Eigenkapitalrendite akzeptieren würden. Die jeweils zweite Komponente der Wertsteigerung, eine Erhöhung der operativen Gewinnmarge bei Wachstumsunternehmen bzw. der Versuch, in neue Wachstumsgebiete zu investieren, wird in den meisten Fällen vernachlässigt. Vorstände, die nicht beide Komponenten des KGV kennen – Wachstum und Eigenkapitalrendite –, laufen daher Gefahr, dass sie zwar ihre internen Wachstumsvorgaben erreichen, nicht aber das eigentliche Ziel der Unternehmenswertsteigerung.

Wird das KGV am Kapitalmarkt überschätzt? Das Ergebnis nach Steuern wird als bedeutender Indikator für die Wertschöpfung eines Unternehmens angesehen, und in den meisten Umfragen auch als der wichtigste, noch vor Cashflows, Dividenden oder Buchwerten. Das berichtete EPS (Earnings per Share) steht meist in der Titelzeile des Quartalsberichts, eine Verfehlung der Consensus-Schätzungen hat beim EPS regelmäßig gravierende Auswirkungen auf die unmittelbare Kursentwicklung. Gleichzeitig kommt das KGV in fast allen Branchen zur Anwendung – was sicherlich auch eine gewisse Zirkularität zur Folge hat: Weil das KGV so weit verbreitet ist, wird ihm auch eine gute Prognosefähigkeit für Kursentwicklungen attestiert.

Obgleich das KGV die verbreitetste Kennzahl des Kapitalmarktes ist, verwenden Fondsmanager und Finanzanalysten es immer auch mit einem unguten Gefühl. Diese kognitive Dissonanz basiert auf drei grundlegenden Fragestellungen:

- Kann das KGV überhaupt ein geeigneter Maßstab zur Unternehmensbewertung sein?
- Ist das Nachsteuerergebnis ein adäquater Parameter zur Prognose des Unternehmenswertes?
- Gibt es eventuell Manipulationsmöglichkeiten seitens des Managements, etwa indem dieses versucht, die kurzfristige Quartalsprognose zu übertreffen, obwohl dies zulasten der strategischen Langfristziele geht?

Befassen wir uns zunächst mit der ersten Frage. Da das EPS des vergangenen Jahres ebenso wie die aggregierten Consensus-Schätzungen des laufenden oder des kommenden Jahres gegeben sind, ist zur Bewertung eines Unternehmens nur noch das

„richtige“ KGV erforderlich, mithin der Peergroup-Multiplikator. Daraus entsteht eine gewisse Tautologie: Um den inneren Wert einer Aktie zu bestimmen, benötigt man den inneren Wert von Vergleichsunternehmen. Manchmal scheint dabei die eigentliche Botschaft des KGV in den Hintergrund zu treten: Das KGV ist eine unendliche Kennzahl, bei der unterstellt wird, dass ein Unternehmen ein bestimmtes Ergebnis je Aktie erzielen wird, das – mit einem Wachstumsfaktor versehen oder nicht – zu einer ewigen Rentenformel umgewandelt werden kann. Gleichzeitig wird unterstellt, dass sich die Risikoklasse des Unternehmens im Zeitablauf nicht mehr verändern wird, was mit an Sicherheit grenzender Wahrscheinlichkeit eine sehr unrealistische Annahme ist. Denn von klassischen Wachstumsunternehmen in ihrer Frühphase, bei denen bereits die Umsatzprognose für das laufende Geschäftsjahr wenig mehr ist als eine begründete Schätzung, unterscheiden sich reife Unternehmen durch ihre langfristige Stabilität, für die sich Umsatz-, Ertrags- und Dividendenwachstum nicht mehr in maßlosen Sprüngen vollziehen.

Bereits seit mehr als 30 Jahren – und damit beantworten wir die zweite und dritte Frage gleichzeitig – fragen sich Investoren, ob sich Unternehmenswerte eher an der Entwicklung von Ertragszahlen oder an der von Cashflows orientieren. Am besten nähert man sich der Problemstellung, wenn sich Erträge und Cashflows in unterschiedliche Richtungen bewegen. In einer Welt des US-GAAP ist das vermutlich am besten dokumentierte Beispiel der Wechsel der Vorratsbewertung von FIFO zu LIFO in Zeiten steigender Rohstoffpreise. Selbst wenn dieser buchhalterische Vorgang auf den Ertrag negative und auf den Cashflow positive (da dies die Steuerzahlungen verringert) Auswirkungen hat, ist an den Börsen in der Regel zu beobachten, dass Aktienkurse nach dieser willkürlichen Maßnahme ansteigen.

Noch mehr Defizite Neben den oben genannten Einflussfaktoren auf KGV, Ausschüttungsquote, erwartete Wachstumsrate und Eigenkapitalkosten wird das KGV eines Unternehmens höher sein als das seines Wettbewerbers, wenn unter sonst gleichbleibenden Bedingungen sein Verschuldungsgrad geringer ist. Ein Unternehmen mit einer Nettofinanzposition von 100 Mio. € dürfte auf diese bei professioneller Kapitalanlage einen Nettogewinn von etwa 2 Mio. € erwirtschaften. Dies entspricht einem KGV von 50*x*. Das mit dem Halten von Liquidität verbundene KGV wird damit das operative KGV des Unternehmens nach oben ziehen. Zur Berechnung eines liquiditätsbereinigten KGV ist also die überschüssige Liquidität aus Zähler und Nenner des KGV zu eliminieren, etwa durch:

$$\mathrm{KGV}_{\mathrm{adj}} = \frac{\mathrm{Marktkapitalisierung} - \mathrm{ExcessCash}}{\mathrm{NetInc} - \mathrm{Int}(1-\tau)}$$

Weitere Verzerrungen des KGV ergeben sich im Falle steuerlicher Verlustvorträge. Dann nämlich liegt die Steuerlast des zu bewertenden Unternehmens unter der eines Unternehmens ohne Verlustvortrag. Infolgedessen würde der Vergleich zweier Unternehmen trotz gleicher Vorsteuerergebnisse zu unterschiedlichen Unternehmenswerten führen: Das Steuern zahlende Unternehmen würde ein niedrigeres Nachsteuerergebnis ausweisen und wäre dementsprechend mit einem höheren KGV bewertet als das von der Steuerlast befreite Unternehmen. An sich wäre dies nicht problematisch, da der Verlustvortrag einen Wert darstellt, der sich in der Bewertung niederschlagen sollte. Allerdings wirken sich Verlustvorträge nur für einen begrenzten Zeitraum auf das Nachsteuerergebnis aus, entweder weil sie von Vornherein nur für einen begrenzten Zeitraum genutzt werden dürfen oder weil sie früher oder später aufgebraucht sein werden. Das KGV unterstellt jedoch einen auf Dauer angelegten Effekt und würde daher den Unternehmenswert zu hoch ausweisen. Als praktikabel hat es sich deshalb erwiesen, das Ergebnis vor Steuern fiktiv mit einem normalisierten unternehmensspezifischen Steuersatz zu belasten, anhand dieses Ergebnisses den inneren Wert des Eigenkapitals zu berechnen und zu diesem Zwischenergebnis anschließend den Barwert der Verlustvorträge hinzuzuzählen.

Bei zyklischen Unternehmen kann ein vergangenheitsorientiertes KGV kontraproduktive Anlageempfehlungen zur Folge haben: An konjunkturellen Tiefpunkten weisen sie typischerweise sehr niedrige Ergebnisse nach Steuern aus, wohingegen diese während des konjunkturellen Booms ein Vielfaches des Tiefstwertes betragen. Mit anderen Worten: Würden wir ein niedriges Nettoergebnis bzw. ein extrem hohes KGV mit einer Überbewertung der Aktie gleichsetzen, hätte dies zur Konsequenz, dass wir die Aktie just zu dem Zeitpunkt verkaufen, an dem die Kursentwicklung wieder nach oben dreht; ein Anlageverhalten, das auch als Molodovsky-Effekt bekannt ist. Um diese prozyklische Unternehmensbewertung zu umgehen, wird das KGV häufig normalisiert,

- indem das normalisierte EPS aus den historischen Werten eines vollständigen Konjunkturzyklus berechnet wird, oder
- indem das normalisierte EPS aus der durchschnittlichen Eigenkapitalrendite ROE des Unternehmens während des letzten vollständigen Konjunkturzyklus ermittelt wird, die anschließend mit dem aktuellen Buchwert je Aktie multipliziert wird.

Da die erste Vorgehensweise ein tendenziell steigendes Geschäftsvolumen außer Acht lässt, ist die zweite zu bevorzugen. Dabei sollte der Zeitraum für die Normalisierung keinesfalls zu kurz gewählt werden, um Ausreißer einzelner Jahre zu vermeiden. Value-Investoren sehen einen Zeitraum von mindestens zehn Jahren als repräsentativ an.

Von verschiedener Seite wird gegen das KGV eingewendet, dass sich die Kennzahl auf Ertrags- und Aufwandsströme stützt und damit durch Bilanzierungs- und Bewertungsspielräume beeinflusst wird. Wie Buchhalter ein operatives Ereignis beurteilen, hat wenig damit zu tun, wie es vom Kapitalmarkt goutiert wird. Stärker als andere Ertragskennzahlen wie das EBIT oder das EBITDA, die im Schema der Gewinn- und Verlustrechnung weiter oben rangieren, ist das Ergebnis je Aktie von bilanzpolitischen Spielräumen bzw. unterschiedlichen nationalen Rechnungslegungs- und Steuervorschriften bestimmt. Im Ergebnis kann es durch unterschiedliche Abschreibungsmethoden von Sachanlagen, durch die Amortisation der Geschäfts- und Firmenwerte, durch die Bildung von Rückstellungen und von latenten Steuern zu Differenzen in den Multiplikatoren der Peergroup und des zu bewertenden Unternehmens kommen. Auch durch unterschiedliche Steuerbelastungen und -gesetzgebungen, insbesondere im Falle steuerlicher Verlustvorträge, können sich Unterschiede im Ergebnisausweis von Unternehmen ergeben. Dennoch ist die auf unterschiedlichen Rechnungslegungsvorschriften basierte Kritik nur zum Teil zutreffend, da es dem Bewertenden offensteht, das berichtete Ergebnis von verzerrenden Einmaleffekten zu befreien. Darüber hinaus betreffen derartige Einmaleffekte in der Regel nur das Ergebnis des laufenden Geschäftsjahres; im nächsten oder übernächsten Jahr, anhand derer prospektive KGV berechnet werden können, fallen sie in der Regel nicht mehr an.

3.3 Die PEG-Ratio

One of the big problems with growth investing is that we can't estimate earnings very well. I really want to buy growth at value prices.
David Dreman (*1936), Erfinder des Contrarian Investing

Wie im vorstehenden Kapitel gezeigt wurde, ist das KGV nur so lange ein adäquater Bewertungsmaßstab, wie Aktien mit ähnlichem Risiko und ähnlicher Wachstumsdynamik miteinander verglichen werden. Unternehmen mit hohem Ertragsmomentum weisen an den Kapitalmärkten in der Regel höhere KGV auf als Unternehmen mit geringem Ertragswachstum.

Wie aus einer statischen Kennzahl eine dynamische wird Wenn unterschiedliche Wachstumsdynamiken sich unmittelbar auf die Unternehmensbewertung auswirken und ein optisch hohes KGV nicht notgedrungen auf eine Überbewertung der Aktie hinweisen muss, sollte Wachstum unmittelbar in die Bewertung einbezogen werden. Dies gelingt durch die PEG-Ratio (PEG = Price-Earnings to Earnings-Growth), in der Wachstum operationalisiert wird. Sie wird ermittelt, indem das Kurs-Gewinn-Verhältnis (KGV) durch die erwartete durchschnittliche Wachstumsrate des Ergebnisses je Aktie *g* dividiert wird, also:

$$\text{PEG} - \text{Ratio} = \frac{\text{KGV}}{g}$$

Durch die Wachstumsadjustierung werden unterschiedlich schnell wachsende Unternehmen normalisiert: Aus einer statischen Kennzahl wird eine dynamische. Je kleiner die PEG-Ratio ist, desto attraktiver ist nach dieser Logik eine Aktie bewertet. PEG-Ratio und Unternehmenswert sind also negativ miteinander korreliert. Als Daumenregel hat sich in der kapitalmarktorientierten Bewertungspraxis durchgesetzt, dass eine PEG-Ratio von unter 1 eine Unterbewertung der Aktie signalisiert und eine PEG-Ratio von über 1 eine Überbewertung.

Doch ist diese Vorgehensweise auch korrekt? Wie wir aus den Fundamentalfaktoren des KGV erahnen können, ist das Ergebniswachstum vermutlich nicht die einzig bewertungsrelevante Komponente der PEG-Ratio. Ausgeblendet werden das Risiko, die Ausschüttungsquote und die Eigenkapitalrentabilität. Werden diese Werttreiber in einem mehrdimensionalen Kennzahlenvergleich in die Bewertung aufgenommen, dürften viele Unternehmen, die unter Verwendung der PEG-Ratio isoliert betrachtet unterbewertet erscheinen, in Wahrheit angemessen bewertet, unter Umständen sogar überbewertet sein. Beispielsweise wird ein Unternehmen, das in volatileren Geschäftsfeldern tätig ist und dessen Aktie ein höheres Risiko trägt, für jede gegebene Wachstumsrate ein niedrigeres KGV aufweisen als ein ertragsstabiles Unternehmen mit geringem Risiko. Vor diesem Hintergrund erscheint es fraglich, ob die Verwendung der PEG-Ratio dem Investor überhaupt einen bewertungsrelevanten Nutzen verschafft, der im KGV nicht bereits enthalten ist.

Zweifelsohne scheint ein höheres Ergebniswachstum auch ein höheres KGV zu rechtfertigen. Wie hoch dieses sein darf, ist jedoch völlig unklar. Noch nicht einmal die häufig zu lesende Argumentation, dass eine Wachstumsrate von 30 % auch ein KGV von bis zu 30*x* rechtfertigen würde, ist korrekt. Im Umkehrschluss würde dies nämlich bedeuten, dass eine Aktie mit einem nachhaltigen Gewinnwachstum von 1 % lediglich ein KGV von 1,0*x* rechtfertigen würde, womit bei Vollausschüttung des Ergebnisses der Kaufpreis der Aktie bereits nach der Vereinnahmung der nächstjährigen Dividende abgedeckt wäre. Diese Daumenregel klingt willkürlich, und in Ermangelung einer theoretischen Überprüfung ist sie das wohl auch.

Gleichzeitig bleibt bei der PEG-Ratio die Qualität des Wachstums unberücksichtigt. Denn ein Unternehmen, das ein Wachstum von 20 % mit einer Ausschüttungsquote von 30 % erwirtschaftet, ist tendenziell schlechter zu bewerten als ein Unternehmen, das dieses Wachstum mit einer Ausschüttungsquote von 50 % erreicht. Einem Unternehmen mit höherer Ausschüttungsquote kann man daher eine höhere PEG-Ratio zubilligen als einem Unternehmen, das große Teile seines ausschüttungsfähigen Gewinns thesauriert.

Ohnehin lässt sich die PEG-Ratio nur für Unternehmen anwenden, deren Eigenkapitalkosten die erwartete Wachstumsrate übersteigen ($r_{EK} > g_R$). Andernfalls hätte zusätzliches Wachstum keinen oder sogar einen negativen Effekt auf den Unternehmenswert. Dies ist eine erstaunliche Feststellung, wird doch an den Börsen unkritisch jede Maßnahme, die das Wachstum eines Unternehmens erhöht, mit einer Steigerung des Unternehmenswertes gleichgesetzt.

GARP und wie er die Welt sah Für die Auswahl unterbewerteter Aktien kommt die PEG-Ratio in der Kapitalmarktpraxis über zwei Regeln zum Einsatz:

- Unternehmen sind unterbewertet, sofern ihre PEG-Ratio kleiner ist als 1. Obwohl es nur wenige Indizien dafür gibt, dass diese gewissermaßen „intrinsische" Anlagestrategie zu einer strategischen Outperformance an den Kapitalmärkten führt, ist sie recht weit verbreitet. Probleme bereitet diese Anlagephilosophie, wenn in Hochzinsphasen besonders viele Aktien als unterbewertet erscheinen.
- Unternehmen sind unterbewertet, solange ihre PEG-Ratio kleiner ist als die PEG-Ratio anderer Unternehmen. Diese Regel muss die PEG-Ratio endgültig überfordern, da diese selbst nicht zur Berechnung von inneren Unternehmenswerten taugt. Sie ist lediglich dazu geeignet, die KGV-Bewertung eines Unternehmens durch Zuhilfenahme der Gewinnwachstumsraten in einem Peergroup-Vergleich zu relativieren. Durch diese Normalisierung des Wachstums können alle im Peergroup-Vergleich beteiligten Unternehmen der Größe nach sortiert werden, mehr aber auch nicht.

Im praktischen Bewertungsalltag ist die PEG-Ratio heute eine klassische Quick-and-dirty-Methode, um sich einen ersten Eindruck über den Wert eines Unternehmens zu verschaffen. So erlebte die PEG-Ratio denn auch ihre Blütephase kurz vor dem Platzen der Internetblase Anfang dieses Jahrtausends. Das Anlagekonzept, das der Kennzahl zugrunde lag, hieß GARP. Abgesehen von der Titelfigur aus John Irvings Buch „Garp und wie er die Welt sah" ist GARP ein Akronym für *„growth at a reasonable price"*, also etwa „Wachstum zu einem vernünftigen Preis". GARP-Investoren sehen die Welt durch die Brille eines Growth-Investors, der ein Faible für Value hat: Sie sind auf der Suche nach Wachstumswerten, die der Markt noch nicht entdeckt hat und die daher mit einem niedrigem KGV bzw. einer niedrigen

PEG-Ratio gehandelt werden. Mit anderen Worten: GARP-Investoren sind auf der Jagd nach Marktineffizienzen. In der Realität hat sich indessen gezeigt, dass die vertriebsorientierte Klassifizierung in Growth und Value viel zu kurz greift: Unternehmen können hohe KGV aufweisen, weil sie hohe Wachstumsraten bei durchschnittlicher Rentabilität zeigen, durchschnittliches Wachstum bei hoher Profitabilität und hohes Wachstum bei hoher Profitabilität.

Ihre enorme Popularität während der Ära der Internetblase und des Neuen Marktes hat sicherlich auch zu dem immer noch bestehenden schlechten Ruf der PEG-Ratio beigetragen. Noch heute muss sie als Sündenbock für eine verfehlte Anlagepolitik herhalten, da sie immer dann zum Einsatz kam, wenn Finanzanalysten für die von ihnen betreuten Aktien immer höhere Kursziele rechtfertigen mussten. Kein Wunder also, dass einige fantasievolle Kritiker das Konzept inzwischen in GAAP – „*growth at any price*" – umbenannt haben, andere, noch erbarmungsloser, in CRAP, also „Müll".

Praktische Fragen und Kritik So trivial das Konzept der PEG-Ratio ist, so problematisch ist ihre praktische Umsetzung. Zunächst einmal ist völlig unklar, welcher Zeithorizont zur Berechnung der durchschnittlichen Gewinnwachstumsrate veranschlagt werden soll: Zwar scheint sich an den Kapitalmärkten ein durchschnittliches Gewinnwachstum durchgesetzt zu haben, das auf den kommenden drei bis fünf Geschäftsjahren basiert, aber auch alternative Ansätze können beobachtet werden, zum Beispiel die in den nächsten zwölf Monaten erwarteten Wachstumsraten. Sinnvoll könnte auch ein pragmatischer Ansatz sein, nach dem die erwartete Wachstumsrate umso langfristiger geschätzt werden sollte, je präziser sie vorhergesagt werden kann. Bei Unternehmen mit starken Abweichungen von der Zielvorgabe des Managements sollten daher kurzfristigere Wachstumsraten gewählt werden als bei Unternehmen, bei denen Überraschungen selten sind.

Auch beim Zähler der PEG Ratio kann es Differenzen geben, was angesichts der vielfältigen Berechnungsmethoden des KGV auch kein Wunder ist. Besonders häufig anzutreffen ist ein *forward KGV*, bei dem das Ergebnis des laufenden Jahres gleichzeitig die Basis für die Berechnung der Wachstumsrate ist. Da dies eine Doppelzählung des Wachstums zur Folge hat, ist nur die Verwendung des *current KGV*, also des KGV, das auf Basis des letzten berichteten Ergebnisses je Aktie errechnet wird, methodisch einwandfrei. Als Alternative bietet sich auch das *trailing KGV* an, also einem KGV, das auf den Ergebnissen der letzten vier Quartale basiert, aber nur, wenn das *trailing EPS* auch die Basis der veranschlagten EPS-Wachstumsraten ist.

Wie wir gesehen haben, üben auch Ausschüttungsquoten und die Eigenkapitalrentabilität einen nicht zu unterschätzenden Einfluss auf die Höhe der PEG-Ratio aus: So ist die PEG-Ratio umso höher, je höher der Anteil des Freien Cashflows to

Equity ist, der an die Aktionäre ausgeschüttet wird. Dieser Zusammenhang wird in einer Variante der PEG-Ratio wiedergegeben, die PEG-Yield-Ratio oder kurz PEGY-Ratio. Sie ist definiert als:

$$\text{PEGY} - \text{Ratio} = \frac{\text{KGV}}{g_W + \text{Dividendenrendite}}$$

Da langsam wachsende Unternehmen aufgrund des oben beschriebenen, nicht-linearen Zusammenhangs zwischen Unternehmenswert und Wachstumsrate systematisch benachteiligt werden, ist die PEGY-Ratio eine durchaus sinnvolle Variante der PEG-Ratio.

3.4 Cashflow-basierte Kennzahlen

Number one, cash is king... number two, communicate... number three, buy or bury the competition.
Jack Welch (*1935), CEO von General Electric

Um einigen Defiziten des KGV auszuweichen, insbesondere in Bezug auf die generelle Abhängigkeit der Ertragskennzahlen von dispositiven Entscheidungen und bilanzpolitischen Maßnahmen des Managements, kann man in Erwägung ziehen, Kennzahlen zu verwenden, die auf Cash Earnings bezogen sind.

Bislang konnte sich leider noch keine allgemein anerkannte Definition der Cash Earnings am Kapitalmarkt etablieren. Unternehmen definieren sie häufig als EBITDA je Aktie, Consensus-Anbieter wie First Call sehen im EBITA ein Maß für Cash Earnings, während in Research Reports eine Praktikerformel dominiert, in der Cash Earnings als Summe aus Nachsteuerergebnis NetInc, Abschreibungen Dep und Amortisationen Amo sowie der Veränderung von Pensionsrückstellungen ΔPR berechnet werden. Das Kurs-Cash-Earnings-Verhältnis ist demnach definiert als:

$$\text{KCE} = \frac{P_0}{\frac{\text{NetInc} + \text{Dep} + \text{Amo} + \Delta\text{PR}}{\text{NoSh}}}.$$

Unbestritten stellen Cash Earnings eine Kennzahl dar, die in geringerem Maße von buchhalterischen Entscheidungen des Managements abhängt als das Nachsteuerergebnis. Durch den Einsatz des KCE-Verhältnisses spielen daher die beiden bedeutendsten nicht-liquiditätsrelevanten Aufwandspositionen – Abschreibungen und die Zuführung zu den Pensionsrückstellungen – keine Rolle mehr. Insbesondere für einen internationalen Bewertungsvergleich ist das KCE-Verhältnis damit besser geeignet als das KGV. Da das KCE-Verhältnis jedoch eine statische Kennzahl ist, sollte es dann zum Einsatz kommen, wenn sich die Werttreiber eines Unternehmens nur schwer vorhersagen lassen. Dies ist vor allem in zyklischen Branchen wie der Automobil- und Chemieindustrie, aber auch in Wachstumsbranchen wie der IT der Fall. In der Theorie wäre das KCE auch ein geeignetes Werkzeug, um kapitalintensive Unternehmen aus der Bau- oder Versorgungsbranche zu bewerten; in der Praxis verwendet man dort jedoch Kennzahlen, die auch die Kapazitätskosten berücksichtigen.

Obwohl die obige Praktikerformel eine unter Investoren und Analysten verbreitete Methode ist, den Cashflow zu berechnen, ist sie keine, die professionellen Ansprüchen genügen sollte. Abhilfe verspricht hier der Freie Cashflow to Equity je Aktie FCFEPS, die unter theoretischen Gesichtspunkten mit Abstand sinnvollste Cashflow-Größe zur Berechnung des Forward-KCF-Verhältnisses. Der darauf basierende Multiplikator ergibt sich aus folgendem Zusammenhang:

$$\text{KFCFE} = \frac{P_0}{\frac{\text{NetInc} - I_n - \Delta \text{WC}}{\text{NoSh}}}$$

Dabei bleibt zu klären, ob bei der Berechnung des Freien Cashflows sämtliche Capex einbezogen werden sollen oder nur die Bestandsinvestitionen, die zur Aufrechterhaltung des aktuellen Produktionsstands erforderlich sind (Maintenance-Capex). Erweiterungsinvestitionen aus der Berechnung auszuschließen, erscheint angebracht, da es sich um ein Null-Wachstumsmodell handelt.

Zum Einsatz kommt der KFCFE-Multiplikator vorrangig in kapitalintensiven Branchen, zum Beispiel in der Automobil- und Stahlindustrie, bei Versorgern und im Bau. Da das KFCFE den Schwerpunkt auf die bestehende Kapitalbasis legt, lässt sich die Formel jederzeit auch für andere Branchen anwenden.

3.5 Das Kurs-Buchwert-Verhältnis

Balance sheets are like bikinis: what they reveal is suggestive, but what they conceal is vital.
Cyril Northcote Parkinson (1909–1993), britischer Historiker

Auf den ersten Blick scheint es durchaus naheliegend zu sein, einen Zusammenhang zwischen dem Wert eines Unternehmens und dem Buchwert des Eigenkapitals zu unterstellen. Das Kurs-Buchwert-Verhältnis KBV hat daher eine lange Tradition unter den etablierten Bewertungsverfahren, ja vermutlich war es sogar die erste systematisch ermittelte Bewertungskennzahl überhaupt. Als Verhältnis aus Marktwert des Eigenkapitals zu bilanziellem Buchwert des Eigenkapitals ist das KBV ein Maß für den Auf- oder Abschlag, den ein Investor bereit ist, auf die in das Unternehmen investierten Mittel zu akzeptieren:

$$\text{KBV} = \frac{P_0}{\text{BVPS}}$$

Bei börsennotierten Gesellschaften steht im Zähler des KBV der aktuelle Aktienkurs P_0, im Nenner meist der zuletzt veröffentlichte Buchwert je Aktie BVPS. Dieser basiert auf dem bilanziellen Eigenkapital der Gesellschaft, das um Minderheitsanteile – die dem Aktionär naturgemäß nicht zustehen – und um die vom Unternehmen an der Börse zurückgekauften *Treasury Shares* korrigiert werden muss. Grundsätzlich als Einheit „je Aktie" berechnet, repräsentiert der Buchwert die historischen (nominalen) Anschaffungskosten sämtlicher Vermögenswerte, die die Gesellschafter in ihr Unternehmen investiert haben. Werte, die sich bilanziell nicht ansetzen lassen, können nach dieser Definition den Buchwert und damit letztlich auch den Unternehmenswert nicht steigern. Zu diesen zählen zum Beispiel immaterielle Vermögenswerte wie Marktstellung, Wettbewerbsvorteile oder Patente – und natürlich auch sämtliche in der Zukunft geschaffenen Werte.

Als rein auf Vergangenheitsdaten basierende Kennzahl ist der Buchwert eine schlechtere Näherungsgröße für die zukünftige Wertschöpfung eines Unternehmens als der erwartete Gewinn. Meist wird er deshalb auch eher als Indikator für den Zerschlagungswert des Unternehmens angesehen, während der Marktwert im Zähler als Indikator für den Fortführungswert des Unternehmens interpretiert werden kann.

Was es wirklich bedeutet, wenn das KBV unter 1 liegt Börsen- und Anlegermagazine, aber auch Kapitalmarkt-Professionals vertreten häufig die Meinung, dass eine Aktie dann als unterbewertet anzusehen sei, wenn ihr Kurs unter dem Buchwert notiert, wenn also gilt: $\text{KBV} < 1$. Dieser Investitionsphilosophie liegt der Gedanke zugrunde, dass ein Investor, dem es gelingt, ein Unternehmen zum aktuellen Börsenkurs vollständig zu übernehmen, durch die Zerschlagung des Unternehmens größere Werte vereinnahmen kann, als er durch den Kauf der Anteile hingegeben hat.

Doch dem ist nicht so: Nachdem der Buchwert eines Vermögenswertes seine ursprünglichen Anschaffungskosten widerspiegelt, kann der Marktwert des Vermögens signifikant darunter liegen, falls absehbar ist, dass sich die Ertragskraft der bestehenden Vermögenswerte im Zeitablauf abschwächen wird. Im Extremfall eines Unternehmens, das einen Paradigmenwechsel verpasst hat, repräsentiert der Buchwert ein auf veralteter Technologie aufgebautes Unternehmen, (noch) nicht jedoch dessen zu erwartenden Ertragsrückgang. Zahlreiche Beispiele, vor allem aus der Informationstechnologie, haben dies in den vergangenen Jahrzehnten verdeutlicht.

Dass der Buchwert ebenso stark von buchhalterischen Bewertungsspielräumen geprägt ist wie der Jahresüberschuss, macht seinen Einsatz nicht einfacher. Der Blick von Buchhaltern auf das Eigenkapital ist ein völlig anderer als der des Kapitalmarktes. So hängt die buchhalterische Einschätzung von Vermögenswerten von ursprünglich bezahlten Kaufpreisen ab, von den kumulierten Abschreibungen und anderen buchhalterischen Erwägungen. Selbst innerhalb einer Branche können die Kurs-Buchwert-Verhältnisse der einzelnen Unternehmen stark voneinander abweichen, sogar ohne dass daraus notwendigerweise eine Aussage über die Qualität der Investitionen oder über das zukünftige Wachstumspotenzial getroffen werden kann. Trotz des vergangenheitsorientierten Ansatzes sollten also auch beim KBV die fundamentalen Werttreiber der Kennzahl analysiert und die Frage beantwortet werden, wie sich das KBV auch ohne Referenzunternehmen für eine Unternehmenswertfindung heranziehen lässt.

Die fundamentalanalytischen Einflussfaktoren des Kurs-Buchwert-Verhältnisses ergeben sich aus folgender Gleichung:

$$\mathrm{KBV} = \frac{\delta \mathrm{ROE}_1}{r_{\mathrm{EK,R}} - g_{\mathrm{R}}}, \quad \text{für} \quad r_{\mathrm{EK,R}} > g_{\mathrm{R}}$$

Daraus wird ersichtlich, dass das Kurs-Buchwert-Verhältnis von der erwarteten Eigenkapitalrendite der Folgeperiode ROE_1, der Ausschüttungsquote δ sowie der Differenz aus langfristigen Eigenkapitalkosten $r_{\mathrm{EK,R}}$ und Wachstumsrate g_{R} abhängt. Dies zeigt, dass eine Aktie, die mit einem KBV von unter 1 gehandelt wird, nicht automatisch unterbewertet ist. Vielmehr ist das Kurs-Buchwert-Verhältnis eines Unternehmens umso größer, je höher seine Ausschüttungsquote δ, seine Eigenkapitalrendite ROE und seine Wachstumsrate g_{R} ist und je geringer die geforderten Eigenkapitalkosten r_{EK} sind. Auch die Differenz zwischen der Eigenkapitalverzinsung und der erwarteten Wachstumsrate spielt eine bewertungsrelevante Rolle: Je näher das erwartete Wachstum an den Eigenkapitalkosten liegt, desto höher ist das aus Fundamentalfaktoren abgeleitete KBV.

Aus vorstehender Gleichung wird ersichtlich, dass die Eigenkapitalrendite der Folgeperiode der einzige fundamentalanalytische Unterschied zwischen dem KGV und dem KBV ist. Das muss man sich auf der Zunge zergehen lassen: Auch eine substanzwertbasierte Kennzahl wie das KBV hängt grundsätzlich von der Ertragslage des Unternehmens ab. So erstaunlich dieser Zusammenhang auf den ersten Blick sein mag, so verständlich wird er, wenn man sich der Mechanismen zwischen Ertragswert und Buchwert bewusst wird: Der Wert eines Unternehmens wird zum großen Teil durch die nachhaltige Ertragskraft seiner Vermögensbestandteile definiert. Dies wiederum kommt maßgeblich im Marktwert des Vermögens zum Ausdruck. Berechnet man den Marktwert der Vermögensbestandteile als Barwert der zukünftig mit diesen Vermögenswerten erzielten Erträge, errechnet sich der Unternehmenswert als Summe der einzelnen Vermögensgegenstände abzüglich des Marktwertes der Verbindlichkeiten. Dies verdeutlicht, dass der Substanzwert letztlich eine modifizierte Ertragsbewertung ist.

Und noch ein weiterer Zusammenhang wird durch diese Fundamentalgleichung ersichtlich, nämlich dass ein Rückgang der Eigenkapitalrendite sich nur dann auf den Kurs-Buchwert-Multiplikator auswirkt, wenn dieser von einem simultanen Rückgang der Dividendenausschüttungen begleitet wird. Ceteris paribus geht zwar bei einem Gewinnrückgang die Eigenkapitalrendite zurück; belässt die Hauptversammlung indes die Dividende auf ihrem Vorjahresniveau, etwa weil das Management den Gewinnrückgang als einmaligen Ausrutscher betrachtet und eine stetige Ausschüttungspolitik verfolgt, bleibt das Produkt aus Eigenkapitalrentabilität ROE und Ausschüttungsquote δ unverändert.

Weitere Abhängigkeiten werden ersichtlich, wenn wir das KBV mit dem Ergebnis je Aktie (EPS) erweitern, also:

$$\mathrm{KBV} = \frac{P_0}{\mathrm{BVPS}} = \frac{P_0}{\mathrm{EPS}} \frac{\mathrm{EPS}}{\mathrm{BVPS}} = \mathrm{KGV} \cdot \mathrm{ROE}$$

Durch diesen Zusammenhang wird deutlich, dass das KBV umso höhere Werte annehmen darf, je höher das KGV und je höher die Eigenkapitalrendite ist. Dies hat zwei Konsequenzen: Zum einen werden profitablere Unternehmen ein höheres KBV ausweisen als weniger profitable Unternehmen. Und zum anderen können profitable Unternehmen, die eine Rendite oberhalb ihrer Eigenkapitalkosten erwirtschaften, sehr wohl mit einem KBV von über 1 gehandelt, während es nur gerechtfertigt ist, wenn weniger profitable oder sogar verlustträchtige Geschäftsmodelle mit einem KBV von unter 1 gehandelt werden. Erfahrene Investoren werden sich an eine Reihe von Unternehmen erinnern, deren Aktien deutlich unter dem Buchwert gehandelt wurden und die nur kurze Zeit später Insolvenz anmelden mussten. Gerade reife Unternehmen oder Unternehmen im Niedergang sind oft nicht (mehr) in der Lage, ihre Kapitalkosten zu erwirtschaften. Sofern diese Unzulänglichkeit nicht allein der Unfähigkeit des Managements zuzuschreiben (und damit grundsätzlich zu heilen) ist, wird der innere Wert des Vermögens unter seinem aktuellen Buchwert notieren. Die unter institutionellen Investoren wie auch unter Privatanlegern weit verbreitete Aussage, eine Aktie müsse mindestens auf ihrem Buchwert notieren, lässt sich daher nicht aufrechterhalten. Nicht einmal die gängige Argumentation, dass eine Aktie umso attraktiver bewertet ist, je niedriger das KBV ist, lässt sich bestätigen.

Hintergrund
Die Praxis folgt hier auch den Erkenntnissen der Theoretiker, denn eine Outperformance von Aktien mit niedrigem KBV lässt sich auch in den meisten empirischen Analysen nicht beweisen. Als Begründung wird zumeist angeführt, dass ein niedriges KBV mit einem höheren Insolvenzrisiko gleichgestellt wird. Trifft dagegen eine hohe Eigenkapitalrendite auf ein niedriges KBV, kann dies schon eher ein Indiz für eine Unterbewertung des Unternehmens sein, während der umgekehrte Fall eines hohen KBV bei niedriger Eigenkapitalrentabilität ein Anzeichen für einen „perfekten Sturm" ist.

Anwendungsbereiche und Probleme Dass das KBV in der Realität üblicherweise größer ist als 1, kann als Indiz dafür gewertet werden, dass der Fortführungs- oder Going-Concern-Wert eines Unternehmens von den Investoren höher wertgeschätzt wird als sein Liquidationswert. Daraus lässt sich wiederum die Schlussfolgerung ableiten, dass die Differenz zwischen ROE und g_R größer sein muss als die Differenz zwischen $r_{EK,R}$ und g_R, was wiederum nichts anderes bedeutet als dass die Eigenkapitalrendite ROE größer sein muss als die geforderten Eigenkapitalkosten $r_{EK,R}$. Unternehmen, deren Fortführungswert ihren Liquidationswert übersteigt – und das dürfte die überwiegende Mehrheit der börsennotierten Gesellschaften sein –, sind dementsprechend durch folgende Ungleichung charakterisiert: $ROE_1 > r_{EK,R} > g_R$.

Eine auf dem Buchwert basierende Unternehmensbewertung kommt insbesondere für Gesellschaften infrage, deren Vermögenswerte schnell und problemlos liquidiert werden können. Fungibel sind insbesondere kurzfristige Vermögenswerte, also der Kassenbestand, marktgängige Wertpapiere, Vorräte und Forderungen aus Lieferungen und Leistungen, sofern sie fakturiert werden können. Bei den langfristigen Vermögenswerten sind vor allem nicht zweckgebundene Immobilen in guten Lagen zu nennen. Vor diesem Hintergrund ist das KBV vor allem bei Banken und Versicherungen, Beteiligungsgesellschaften und Immobilienbestandshaltern verbreitet. Hinzu kommt, dass Banken und Versicherungen hochgradig reguliert sind und gesetzliche Eigenmittelvorschriften einhalten müssen, die auf Buchwerten basieren (Stichwort Basel III und Solvency II). Eine Ausdehnung der Geschäftstätigkeit können sie nur mit einem Anstieg der Buchwerte des Eigenkapitals erreichen.

Darüber hinaus ist der Buchwert eine im Zeitablauf relativ stabile Größe. Zyklische Schwankungen wie beim Nachsteuerergebnis sind beim Buchwert weit weniger markant, was den Einsatz in „reifen" Branchen wie Versicherungen oder der Immobilienbestandshaltung zusätzlich rechtfertigt. Doch auch in zyklischen Branchen, in denen das Ergebnis je Aktie konjunkturelle Höchst- oder Tiefstwerte aufweist, kann der Buchwert zum Einsatz kommen, da er sich dort als eine Art „über-zyklischer Normalwert" interpretieren lässt.

Der größte Vorteil des Buchwerts jedoch ist, dass er in der überwiegenden Zahl der Fälle eine positive Größe ist und damit – im Gegensatz zum KGV – auch während operativer Schwächephasen berechnet werden kann. Allenfalls stark verschuldete Unternehmen können nach längeren Verlustperioden ein negatives Eigenkapital aufweisen; derartige Fälle sind in der Realität jedoch selten, wesentlich seltener jedenfalls als Verlustsituationen, in denen das KGV nicht berechnet werden kann. Allerdings wird der Buchwert bei jungen Wachstumsunternehmen, zum Beispiel bei Biotechnologie- oder Internet-Start-ups, nur sehr kleine Werte annehmen und nicht das wahre Ausmaß der zukünftigen Wertentwicklung widerspiegeln. Ebenfalls eher ungeeignet ist das KBV bei Unternehmen, die in besonderem Maße von Humankapital abhängig sind. Hier entscheidet sich der innere Wert eines Unternehmens weniger anhand der investierten Vermögenswerte als anhand der Qualität seiner Mitarbeiter. In diese Kategorie fallen zum Beispiel Softwareunternehmen, Investmentbanken oder Immobilien- und Windparkentwickler. In diesen Branchen kann die Verwendung des Buchwertkonzepts sogar ausgesprochen kontraproduktiv sein, da bei ihnen ein Unternehmen gerade dann einem anderen überlegen ist, wenn es in der Lage ist, einen bestimmten Output mit einem möglichst geringen Input zu erwirtschaften.

Auch Unternehmen mit einem hohen Bestand an immateriellen Vermögensgegenständen können durch das KBV fehlbewertet werden. Selbst erstellte immaterielle Vermögenswerte werden weder in der Bilanz erkannt, wo sie Einfluss auf den Buchwert nehmen könnten, noch in der Gewinn-und-Verlust-Rechnung, wo sie umsatz- und ertragssteigernd wirken könnten. IT-Unternehmen, die über Jahre hinweg immaterielle Werte erschaffen haben und diesen ihre Marktstellung verdanken, können diese Werte nicht bilanzieren – es sei denn, sie werden von Dritten erworben. Gleichzeitig wirken sich die mit ihrer Entstehung verbundenen Kosten unmittelbar ertragsbelastend aus. Die Folge ist, dass bei diesen Unternehmen Buchwerte signifikant unterschätzt werden, was das KBV zu einer irrelevanten Kennzahl für forschungsintensive Branchen wie den IT-Sektor macht. Kein Wunder also, dass sich die höchsten Kurs-Buchwert-Verhältnisse in Branchen beobachten lassen, in denen die wichtigsten Vermögenswerte keinen Eingang in die Bilanz finden, vor allem also in der Software- oder Biotechnologieindustrie.

Für IT-Unternehmen und ähnliche Geschäftsmodelle kann das KBV-Konzept aus einem weiteren Grund zu Fehleinschätzungen führen: In schnelllebigen Branchen wie der Informationstechnologie altern Vermögenswerte schneller als in reifen Branchen, sodass ein vergangenheitsbasierter Buchwert eine fehlerhafte Anlageentscheidung auslösen kann. Zukunftsgerichtete Buchwertkonzepte, beispielsweise auf Basis des laufenden oder kommenden Geschäftsjahres, kommen dagegen höchstens dann zur Anwendung, wenn absehbar ist, dass sich das wettbewerbliche Umfeld im Zeitablauf deutlich verändern und dies Einfluss auf die Buchwerte haben wird. Derartige Fälle sind in der Praxis allerdings höchst selten.

Auch in anderen Fällen kann das KBV zu Fehlbewertungen führen und gerade die effizienten Unternehmen einer Peergroup bestrafen: Stellt nämlich ein Hersteller seine Produktion auf eine Just-in-time-Belieferung um, was zu einem deutlich effizienteren Lagerumschlag führt, wird dies Folgen für den Buchwert haben. Gleiches gilt für Produktionsunternehmen, die nicht „auf Halde" produzieren, sondern auftragsbezogene Fertigungskonzepte verfolgen. Diese Unternehmen sind effizienter als andere, die für eine Produktion erforderlichen Mittel geringer. Unter sonst gleichbleibenden Bedingungen werden ihre Aktien mit höheren Multiplikatoren bewertet sein als die anderer, weniger effizienter Unternehmen.

3.6 Die Dividendenrendite

It's an extra dividend when you like the girl you're in love with.
Clark Gable (1901–1960), US-Schauspieler

Bekanntlich setzt sich die Gesamtrendite (Total Return) einer Unternehmensbeteiligung aus der Kursentwicklung und der Ausschüttung zusammen. Die Dividende ist somit eine wesentliche Komponente der Gesamtperformance eines Investors, in Einzelfällen sogar die entscheidende. Und das, obwohl Erträge, die heute ausgeschüttet werden, Erträge ersetzen, die das Unternehmen bei einer Thesaurierung durch diese Dividenden und deren Reinvestition erwirtschaften könnte.

$$\text{Dividendenrendite} = \frac{\text{Div}}{P_0}$$

Diese Formel zeigt, dass die Dividendenrendite üblicherweise als ein vergangenheitsorientiertes Bewertungsverfahren konzipiert ist. Aber selbst wenn erst in der Zukunft erwirtschaftete Dividenden als Performancekennzahl in die Berechnung der Dividendenrendite eingehen, kann diese kein sinnvolles Maß einer Unternehmensbewertung sein. Es kann sogar grundfalsch sein, Unternehmen zu kaufen, nur weil sie eine hohe Dividendenrendite aufweisen. Wie oft kommt es vor, dass Unternehmen in eine Krise geraten, ihr Aktienkurs verfällt, das Management aber, um nicht den Kursverfall noch zu beschleunigen, die Dividende auf dem Vorjahresniveau belässt? In Zeiten rückläufiger Erträge die Ausschüttung konstant zu halten, statt notwenige Erweiterungsinvestitionen zu tätigen, kann dramatische Folgen haben. Aus der Rendite auf das eingesetzte Kapitel wird dann schnell eine Rendite auf den Liquidationswert eines Unternehmens.

Erstaunlicherweise ist die Dividendenrendite bei börsennotierten Gesellschaften dennoch eine der populärsten Bewertungskennzahlen überhaupt. Zahlreiche Fonds basieren auf dem Konzept, Aktien zu erwerben, deren Dividendenrendite einen bestimmten Schwellenwert übersteigt. Tatsächlich mag diese Vorgehensweise in Grenzen funktionieren, sie kann jedoch nicht Bestandteil einer Wertbestimmung sein.

3.7 Die Erweiterung der Basis: der Enterprise Value

It's far better to buy a wonderful company at a fair price than a fair company at a wonderful price.
Warren Buffett (*1930), US-amerikanischer Investor und Philanthrop

Eigenkapitalbasierte Kennzahlen wie das KGV, das KBV oder die PEG-Ratio weisen drei entscheidende Schwachstellen auf:

1. Sie werden systematisch vom Verschuldungsgrad der analysierten Unternehmen beeinflusst. Unternehmen, deren *unlevered KGV* – also das KGV, das sich ergeben hätte, wenn das Unternehmen vollständig mit Eigenkapital finanziert wäre – die geforderten Kapitalkosten übersteigt, gelingt es, das KGV mit steigendem Leverage zu erhöhen. KGV und Verschuldungsgrad sind also positiv miteinander korreliert, was die unangenehme Begleiterscheinung hat, dass diese Unternehmen zum Beispiel durch einen Debt-to-Equity-Swap ihr fundamental gerechtfertigtes KGV künstlich erhöhen könnten.
2. Das Konzept des KGV hängt von buchhalterisch ermittelten Ertragsgrößen ab, in denen nicht-betriebliche Aufwendungen und Erträge enthalten sein können. Werden diese nicht bereinigt – und zwar sowohl für das zu bewertende Unternehmen als auch für die gesamte Peergroup –, wird der aus dem KGV abgeleitete Unternehmenswert fehlerhaft sein.
3. Die Ermittlung des KGV wird problematisch, wenn das Unternehmen noch keine positiven Erträge erwirtschaftet, etwa weil es jung ist oder sich im Wachstumsmodus befindet. Für diese Fälle ist das KGV nicht definiert, und ein Unternehmenswert kann gar nicht erst ermittelt werden.

Enterprise-Value-basierte Bewertungsmodelle versuchen, alle drei Kritikpunkte zu umgehen. Basierend auf den Arbeiten von Modigliani und Miller (1958), wonach unter bestimmten, restriktiven Voraussetzungen der Unternehmenswert nicht durch die Finanzstruktur des Unternehmens beeinflusst wird, haben sie im abgelaufenen Jahrzehnt sukzessive an Bedeutung gewonnen. Da sie die Kapitalstruktur des Unternehmens neutralisieren, sind sie besser geeignet, den Wert eines Geschäftsmodells zu bestimmen, und ohne dass das finanzielle Leverage seinen Einfluss ausübt. Darüber hinaus machen sich Verzerrungen durch unterschiedliche Abschreibungsmethoden und unterschiedliche Steuersysteme bei EV-basierten Kennzahlen nicht bemerkbar. Beziehen wir den Enterprise Value auf die erwirtschafteten Umsätze, umgehen wir auch das dritte Defizit ertragsbasierter Kennzahlen, nämlich dass sie nicht negativ werden können. Schlimmstenfalls, so wie bei einigen Early-Stage-Biotechnologiewerten, erwirtschaftet ein Unternehmen keine Umsätze. Abgesehen von dieser eher theoretischen Ausnahme (und dem ebenfalls seltenen Fall, in dem der Enterprise Value negativ ist) können EV-basierte Kennzahlen daher immer berechnet werden, unabhängig davon, wie klein oder unprofitabel das Unternehmen ist.

Frei von Finanzschulden und liquiden Mitteln Der Unternehmensgesamtwert oder Enterprise Value ist derjenige Wert, den ein Investor zahlen müsste, um das Unternehmen ohne Finanzschulden und ohne liquide Mittel, also frei von Nettofinanzverbindlichkeiten, zu erwerben. Nach dieser Praktikerformel errechnet sich der Enterprise Value als Summe der Marktwerte des Eigenkapitals und der zinstragenden Verbindlichkeiten abzüglich des nicht betriebsnotwendigen Kassenbestands inklusive fungibler Wertpapiere (Ansatz der Nettoverschuldung). Da die Nettoverschuldung nicht alle Ansprüche an das Unternehmen berücksichtigt, sollten auch die Marktwerte von Minderheitsanteilen, Pensionsrückstellungen und der nicht operativen Vermögenswerte in die Berechnung des Enterprise Value einfließen:

$$EV = EK_0 + Debt_0 - ExcessCash + MI_0 + PR_0 - NOA_0$$

Betrachten wir im Folgenden die Bestandteile des EV im Einzelnen:

- Als Marktwert des Eigenkapitals EK_0 verwenden wir die gesamte Marktkapitalisierung aller Aktiengattungen, also der Stamm- und Vorzugsaktien, zum Bewertungsstichtag. Neben diesen bestehenden Ansprüchen an das Eigenkapital der Gesellschaft sind aber auch alle zukünftigen zu berücksichtigen, also insbesondere Wandelanleihen, Optionsanleihen oder Stock Options. Auch sie garantieren ihren Besitzern einen Anspruch auf einen Teil des Unternehmensergebnisses. Haben diese Ansprüche einen Marktwert, beispielsweise im Fall einer börsennotierten Wandelanleihe, ist dieser in die Berechnung des Enterprise Value einzubeziehen. Unberücksichtigt bleiben demgegenüber Treasury Shares, sofern diese eingezogen werden sollen.

- Grundlage für die Berechnung des Marktwertes der zinstragenden Bruttoverbindlichkeiten $Debt_0$ sind die kurz- und langfristigen Finanzverbindlichkeiten. Sind die zinstragenden Finanzverbindlichkeiten börsennotiert, hat sich das Emittenten-Rating und damit das Risikoprofil des Unternehmens seit Aufnahme der Verbindlichkeiten nicht strukturell verändert oder hat das Unternehmen variabel verzinsliche Darlehen ausstehen, entspricht der Buchwert der Verbindlichkeiten ihrem Marktwert. Ist dies nicht der Fall, sind zur Berechnung des Marktwertes der zinstragenden Verbindlichkeiten theoretisch die Zinszahlungsströme der Verbindlichkeiten mit einem Zinssatz zu diskontieren, der den Marktzinsen von Verbindlichkeiten vergleichbaren Risikos entspricht.
- Nicht betriebsnotwendige Kassenbestände (Excess Cash) entsprechen ihren Marktwerten, wenn sie mit einer marktgängigen Rendite verzinst werden. Um den Enterprise Value zu berechnen, sind sie aus Konsistenzgründen zu subtrahieren, da weder Zinsaufwendungen noch Zinserträge Bestandteil der mithilfe des Enterprise Value ermittelten Multiplikatoren sind.
- Ebenfalls in die Berechnung des Enterprise Values sollte – sofern vorhanden – der Barwert des operativen Leasings einbezogen werden, ebenso wie die Zuführung zu bzw. die Rückführung von den Pensionsrückstellungen, da auch diese wertvolle Instrumente der Unternehmensfinanzierung sind.
- Aus Konsistenzgründen dürfte es sinnvoll sein, den Marktwert von Minderheitsbeteiligungen in der Berechnung des Enterprise Value unberücksichtigt zu lassen, da sich die Erlöse oder Erträge von nicht vollkonsolidierten Beteiligungen auch nicht im Nenner der nachstehenden Kennzahlen wiederfinden.
- Von dieser Summe ist abschließend der Marktwert der nicht betriebsnotwendigen Vermögenswerte NOA_0 zu subtrahieren.

Durch diese Maßnahmen sind alle Ansprüche am Unternehmen abgedeckt. Eine Frage bleibt jedoch unbeantwortet: Während es bei der Berechnung der Marktkapitalisierung unstrittig ist, dass der Kurs zum Stichtag verwendet wird, ist es bei der Berechnung der anderen Inputfaktoren nicht eindeutig: Ansätze, bei denen sowohl Kurse als auch die Nettoverschuldung (und die Ansprüche anderer) mit ihren in der Zukunft erwarteten Stichtagswerten eingehen, halten sich die Waage mit Ansätzen, bei denen nur die zuletzt veröffentlichten Bilanzpositionen verwendet werden. Die zuletzt genannte Vorgehensweise unterliegt einem methodischen Defekt, da hierbei die Schätzung der Bilanzpositionen, die dem EV zugrunde liegen (im Wesentlichen der Bruttoverschuldung und der liquiden Mittel), nicht in die Berechnung des Multiplikators eingeht, wohl aber die Prognose der Stromgrößen aus der Ertragsrechnung (wie die Umsätze, das EBITDA oder das EBIT). Daher ist die zuerst genannte Methode als korrekt anzusehen, wonach sich der Enterprise Value aus den in der Zukunft erwarteten Werten der Nettoverschuldung, der Pensionsrückstellungen, der Minderheitsanteile und des operativen Leasings zusammensetzen sollte. Um die EV-basierten Kennzahlen zu bestimmen, ist also eine integrierte Gesamtplanung aus Gewinn-und-Verlust-Rechnung, Bilanz und Kapitalflussrechnung erforderlich.

Unabhängig davon lassen sich einige Kritikpunkte, die bereits bei kursbasierten Kennzahlen wie dem KGV angeführt wurden, auch auf EV-basierte Kennzahlen übertragen. So ist ertrags- wie umsatzabhängigen EV-Multiplikatoren gemeinsam, dass sie als eindimensionale Kennzahlen die Dynamik der zukünftigen Unternehmensentwicklung nicht entsprechend würdigen (können). Allenfalls lässt sich die pauschale Aussage treffen, dass einem schnell wachsenden Unternehmen ein höherer Multiplikator zugestanden werden sollte als einem langsamer wachsenden. Eine präzise Kurszielbestimmung kann bei unterschiedlich schnell wachsenden Unternehmen mit unterschiedlichem Risiko jedoch nicht abgeleitet werden.

3.8 Wenn Gewinne keine Rolle spielen: Umsatzmultiplikatoren

Don't be seduced into thinking that which does not make a profit is without value.
Arthur Miller (1915–2005), amerikanischer Dramatiker, Ehemann von Marylin Monroe

Die dem EV/Umsatz-Multiplikator zugrunde liegende Ratio ist, dass es für Wachstumsunternehmen häufig wichtiger ist, schnell an Größe zu gewinnen, als operativ die Gewinnschwelle zu überschreiten. Ein prominentes Beispiel aus der jüngeren Vergangenheit ist der US-amerikanische Internet-Versandhändler Amazon, der durch den Vorteil des First Movers und das Funding des Kapitalmarktes binnen weniger als 20 Jahren eine globale Spitzenposition einnehmen konnte, die auf Jahrzehnte uneinholbar sein dürfte.

Umsatzwachstum wird häufig mit Produktakzeptanz gleichgesetzt – und damit mit Marktanteil. Marktanteil heißt (bis zu einem gewissen Grad) Kundentreue, heißt letztlich Verhandlungsmacht gegenüber den Zulieferern und den Kunden, heißt langfristig wiederkehrende Erlöse. Unternehmen, die sich in Wachstumsmärkten frühzeitig positionieren, können Markteintrittsbarrieren errichten, die

die Marktführerschaft langfristig zementieren, sogar bevor sie selbst die Gewinnzone erreicht haben. In diesen Fällen kann der Umsatz als ein Indikator für Wertschöpfung verstanden werden und damit eine der grundlegenden Anforderungen an einen Multiplikator erfüllen.

Dementsprechend kommt der EV/Umsatz-Multiplikator in den frühen Phasen eines Unternehmens bzw. einer Branche zum Einsatz, wenn die Entwicklung des Marktanteils ein guter Indikator für die zukünftige Unternehmensentwicklung ist. Vor diesem Hintergrund mag es erstaunlich sein, dass der EV/Umsatz-Multiplikator in der Praxis auch in relativ reifen Branchen eingesetzt wird. Doch auch in der Spätphase des Lebenszyklus scheint der Kapitalmarkt den Marktanteilen ein bewertungsrelevantes Gewicht zuzuschreiben. Daher können durch ein und dieselbe Kennzahl beide Enden des Lebenszyklus eines Unternehmens oder einer Branche abgedeckt werden.

Umsatzmultiplikatoren beruhen auf dem ausgewiesenen Umsatz oder – in eher seltenen Fällen – auf der Gesamtleistung, sofern nach dem Gesamtkostenverfahren bilanziert wird. Im Nenner der Kennzahl sind ausschließlich wiederkehrende Erlöse anzusetzen. Einmaleffekte, etwa aus dem Verkauf eines Geschäftsbereichs, sind bei der Kennzahlberechnung zu bereinigen, natürlich auch in der Referenzgruppe, was eine fehlerfreie Peergroup-Bewertung schnell zu einer arbeitsaufwendigen Aufgabe machen kann.

Unter Berücksichtigung obiger Definition lässt sich das EV/Umsatz-Verhältnis aus folgender Formel ableiten:

$$\text{EV/Umsatz} = \frac{\text{EK}_0 + \text{Debt}_0 - \text{ExcessCash} + \text{PR}_0 + \text{MI}_0 - \text{NOA}_0}{\text{Umsatz}}$$

Wie bei jeder Kennzahl errechnet sich der Wert eines Unternehmens aus dem durchschnittlichen EV/Umsatz-Multiplikator, wie er aus der Vergleichsgruppe abgeleitet wird, und dem in der Vergangenheit erzielten bzw. in Zukunft erzielbaren Umsatz des zu bewertenden Unternehmens. Zu beachten ist allerdings, dass wir nach Multiplikation der Kennzahl mit dem Umsatz des zu bewertenden Unternehmens wiederum einen Enterprise Value erhalten. Um aus diesem den Equity Value des zu bewertenden Unternehmens zu ermitteln, sind Nettoverschuldung, Pensionsrückstellungen und Minderheitsanteile des zu bewertenden Unternehmens zu subtrahieren und der Marktwert der nicht betriebsnotwendigen Vermögenswerte hinzuzuzählen.

Die Inkonsistenz des Kurs-Umsatz-Verhältnisses Neben dem EV/Umsatz-Multiplikator ist auf Finanzportalen, in verschiedenen Börsenzeitschriften und sogar in

Analysten-Reports häufig das Kurs-Umsatz-Verhältnis aufzufinden. Selbst wenn es eine einfache und intuitiv verständliche Kennzahl sein mag (nach dem Motto: „Der faire Wert der Aktie entspricht dem x-Fachen seines Umsatzes"), ist diese Kennzahl methodisch nicht einwandfrei: Erlöse werden nun einmal durch das gesamte Kapital erwirtschaftet; aus ihnen sind die Fremdkapitalgeber, der Einfluss des Staates, der Mitarbeiter etc. zu kompensieren.

Damit handelt es sich beim Kurs-Umsatz-Verhältnis um eine inkonsistente Kennzahl, bei der Zähler und Nenner nicht dieselbe Basis haben: Während im Nenner eine unternehmensspezifische Kennzahl steht, wird der Zähler aus einer eigenkapitalbezogenen Kennzahl gebildet. Damit werden Entity- und Equity-basierte Größen miteinander vermengt und stark verschuldete Unternehmen mit niedrigeren Kurs-Umsatz-Verhältnissen bewertet sein als Unternehmen mit geringem Verschuldungsgrad. Die einfache Datengewinnung allein rechtfertigt nicht die Verwendung des Kurs-Umsatz-Verhältnisses und ist vielmehr ein Indiz für eine mangelnde Mühe des Bewerters bzw. seine unzureichende Sachkenntnis. Darüber hinaus wird beim Kurs-Umsatz-Verhältnis unterstellt, dass es keine nicht betriebsnotwendigen Vermögensbestandteile, keine Minderheitsanteilen, keine Pensionsrückstellungen u. Ä. gibt, und zwar nicht nur bei dem zu bewertenden Unternehmen, sondern auch in der gesamten Peergroup – ein äußerst unwahrscheinliches Szenario.

Noch mehr Anpassungen Besonders während der Internetblase zu Beginn dieses Jahrtausends war die EV/Umsatz-Kennzahl weit verbreitet. Um immer höhere Kursziele verlustträchtiger Internetunternehmen zu rechtfertigen, war der Zukauf von Marktanteilen gängige Praxis. Da trotz zahlreicher Börsengänge und Kapitalerhöhungen allerorten Liquidität knapp war, beschränkten sich die Unternehmen häufig auf die Übernahme von 50,1 % der Geschäftsanteile, was zwar eine Vollkonsolidierung des Übernahmezieles zur Folge hatte, aber zugleich erhebliche Minderheitsanteile verursachte. Eine Unternehmensbewertung anhand des EV/Umsatz-Multiplikators muss daher den Einfluss von Minderheitsanteilen berücksichtigen.

Im Gegensatz zu ertragsbasierten Kennzahlen können Umsätze zwar weniger durch bilanzpolitische Wahlrechte manipuliert werden, allerdings handelt es sich bei den Umsätzen um eine Stromgröße, die nicht notwendigerweise mit dem Unternehmenswert positiv korreliert ist: Ein Unternehmen, das Waren im Wert von 100 € für 95 € verkauft, wird zwar schnell hohe Umsätze erzielen, jedoch niemals profitabel und früher oder später vom Markt verschwunden sein. Nicht um die Ausnutzung bilanzpolitischer Freiräume, sondern der bewertungsrelevanten Parameter handelt es sich, wenn ein Unternehmen seine Umsätze durch margenschwaches Handelsgeschäft aufbläht, nur um eine höhere Bewertung zu erreichen. Durch derartige Maßnahmen lässt sich zwar der Umsatz steigern, das Betriebsergebnis verbessert sich jedoch – wenn überhaupt – allenfalls unterproportional, und die auf den Gesamtumsatz bezogenen Margen werden belastet. Einem solchen Unternehmen einen (aus dem EV/Umsatz-Multiplikator abgeleiteten) höheren Unternehmenswert zuzugestehen als einem nicht durch derartige Handelsgeschäfte aufgeblähten Wettbewerber, wäre fahrlässig. Vor diesem Hintergrund ist es nicht verwunderlich, dass Umsatz-Multiplikatoren in den meisten empirischen Befunden eine relativ schlechte Prognosefähigkeit für die Ermittlung von Unternehmenswerten attestiert wird.

3.9 Aus der Welt des Private Equity an die Kapitalmärkte

Miss alles, was sich messen lässt, und mach alles messbar, was sich nicht messen lässt.
Galileo Galilei (1564–1642), italienischer Philosoph, Mathematiker und Astronom

Bezieht eine Wertgröße wie der Enterprise Value unterschiedliche Stakeholder ein, also unter anderem Eigen- und Fremdkapitalgeber, muss sie sich auch auf eine korrespondierende Ertragsgröße beziehen, die zwangsläufig vor dem Abzug von Fremdkapitalzinsen ermittelt wurde. Nur in diesem Fall ist eine Konsistenz zwischen Zähler und Nenner des Multiplikators gewährleistet. Ertragsbasierte EV-Kennzahlen beziehen sich daher entweder auf das EBITDA:

$$\frac{EV_0}{EBITDA_t} = \frac{EK_0 + Debt_0 - ExcessCash + PR_0 + MI_0 - NOA_0}{EBITDA_t}$$

oder auf das EBIT:

$$\frac{EV_0}{EBIT_t} = \frac{EK_0 + Debt_0 - ExcessCash + PR_0 + MI_0 - NOA_0}{EBIT_t}$$

Da Firmenwerte nach IFRS nicht mehr periodengemäß abgeschrieben werden, sondern nur noch im Impairment-Fall, ist der ehemals gebräuchliche EV/EBITA-Multiplikator in der heutigen Bewertungspraxis bedeutungslos geworden.

Das EBITDA bezeichnet das Ergebnis eines Unternehmens vor Abschreibungen und Amortisationen, vor dem Finanzergebnis und vor Ertragsteuern. Verzerrungen, wie sie durch eine unterschiedliche Kapitalintensität und unterschiedliche Steuerquoten entstehen können, werden ausgeschaltet. Die Aufnahme des EBITDA in die Unternehmensbewertung hat ihren Ursprung in der M&A-Welle während der 1990er-Jahre. In dieser Zeit waren Private-Equity-Firmen auf der Suche nach einer Kennzahl, die die Fähigkeit eines Unternehmens widerspiegelt, die sich aus Leveraged-Buyouts ergebende Verschuldung bedienen zu können. Als Cashflow-Substitut ist das EBITDA darüber hinaus die geeignete Ertragskennzahl, wenn im Extremfall eines knapp vor der Insolvenz stehenden Unternehmens ermittelt werden soll, ob das Unternehmen zumindest in der Lage ist, die nicht liquiditätswirksamen Abschreibungen und Amortisationen zu erwirtschaften, auch wenn es sich für dieses Unternehmen aufgrund des fortschreitenden Verfalls nicht länger lohnt, in Sachanlagen zu investieren.

Gegenüber den tiefer liegenden Ertragskennzahlen wie dem Nettoergebnis haben EBITDA und EBIT nicht nur den entscheidenden Vorteil, seltener negativ zu sein; sie sind auch relativ unsensibel gegenüber unterschiedlichen Rechnungslegungsvorschriften und eignen sich damit gut für einen internationalen Bewertungsvergleich. Darüber hinaus ermöglicht der Einsatz des EV/EBITDA-Multiplikators Vergleiche mit anderen Unternehmen auch bei unterschiedlichen Verschuldungsgraden sowie bei unterschiedlichem Investitionsverhalten. Diese Vorteile dürften die Gründe dafür sein, dass der EV/EBITDA-Multiplikator heute neben dem KGV die am weitesten verbreitete Kennzahl ist. Dabei wird er bevorzugt in kapitalintensiven Branchen wie Stahl, Versorgung oder Telekommunikation angewendet. In diesen Branchen sind umfangreiche Infrastrukturinvestitionen die Regel, was in den Folgejahren so hohe Abschreibungen auslösen kann, dass der EV/EBIT-Multiplikator im konjunkturellen Abschwung keine sinnvollen Größenordnungen einnimmt.

Auch beim EBITDA sind grundsätzlich Ergebnisgrößen zu verwenden, die zuvor um ungewöhnliche Ereignisse bereinigt wurden. Vor allem die Eliminierung einmaliger und nicht wiederkehrender Ertrags- und Aufwandskomponenten ist unumgänglich. Die in der Praxis am häufigsten vorgenommenen Bereinigungen umfassen ergebniswirksame Folgeeffekte aus der Kaufpreisallokation (*Purchase Price Allocation*) sowie Aufwendungen aus Akquisitionen, Restrukturierungsaufwendungen, außerplanmäßige Wertminderungen, Fremdwährungseffekte und Beratungsaufwendungen, beispielsweise im Zuge des Börsengangs. Leider sind einmalige Bereinigungen nicht normiert, damit häufig ermessensabhängig und können meist nicht aus dem Geschäftsabschluss abgeleitet werden. Für den externen Bewerter kommt hinzu, dass Unternehmen die vorgenommenen Bereinigungen im Jahresabschluss regelmäßig in einer Sammelposition ausweisen, sodass die Überleitung aus den Abschlusszahlen erschwert wird und die Bereinigungen nicht unmittelbar nachvollziehbar sind.

Auch ertragsbasierte EV-Multiplikatoren können in ihre fundamentalanalytischen Bestandteile zerlegt werden. Für den EV/EBIT-Multiplikator zum Beispiel ergibt sich nach diversen Umformungen folgender Zusammenhang:

$$\frac{\mathrm{EV}_0}{\mathrm{EBIT}_1} = \frac{(1-\tau) - \frac{I_n}{\mathrm{EBIT}}}{\mathrm{WACC} - g_\mathrm{R}}, \quad \text{für} \quad \mathrm{WACC} > g_\mathrm{R}$$

Aus dieser Formel wird ersichtlich, dass der EV/EBIT-Multiplikator umso höher ist, je niedriger die Steuerquote, je niedriger die Investitionsquote und je niedriger die gewichteten durchschnittlichen Kapitalkosten sind und je höher das erwartete Langfristwachstum ist; auch die Differenz aus Kapitalkosten und Wachstum spielt eine bewertungsrelevante Rolle. Abschreibungen und Amortisationen haben demgegenüber keine direkten Auswirkungen mehr auf die Höhe des Vervielfältigers.

Um das Wachstum des EBITDA in der Unternehmensbewertung nicht nur implizit, sondern auch explizit zu berücksichtigen, verwenden einige Analysten die Kennzahl EV/EBITDA-to-EBITDA Growth (EV/EG), eine der PEG-Ratio vergleichbare dynamische Kennzahl. Vergleichbar ist sie leider nicht zuletzt deshalb mit der PEG-Ratio, weil sich auch bei ihr keine einheitliche Definition am Kapitalmarkt durchsetzen konnte. Meist wird sie als EV/EBITDA-Multiplikator der laufenden Periode dividiert durch das in den folgenden fünf Perioden durchschnittlich erwartete EBITDA-Wachstum definiert:

$$\mathrm{EV/EG} = \frac{\frac{\mathrm{EV}_t}{\mathrm{EBITDA}_t}}{\left(\frac{\mathrm{EBITDA}_{t+5}}{\mathrm{EBITDA}_t}\right)^{\frac{1}{5}}}$$

Weit verbreitet und besonders bei Vorständen beliebt ist das EBITDA in Unternehmen, die nicht in der Lage sind, auf tiefer in der Gewinn-und-Verlust-Rechnung liegenden Ertragsebenen profitabel zu wirtschaften. Kein Wunder also, dass Zyniker unter den Fondsmanagern das EBITDA als Abkürzung für *Earnings Before I Tricked Dumb Auditors* ansehen. Denn natürlich muss das Unternehmen Aufwendungen tragen, die zur Aufrechterhaltung des Geschäftsmodells notwendig sind, selbst wenn diese nicht im EBITDA enthalten sind. Zu diesen zählen Zins-, Steuer- und Abschreibungsaufwendungen, die erst unterhalb des EBITDA anfallen, aber gerade in kapitalintensiven Branchen von Bedeutung sein können. So fragte sich 1995 etwa Warren Buffett in einem seiner legendären Briefe an die Aktionäre, ob

Manager, die das EBITDA befürworteten, eigentlich glaubten, die Zahnfee würde für die Investitionen bezahlen (Buffett 2000).

Hintergrund
Unternehmen, denen es nicht gelingt, wenigstens auf EBITDA-Ebene ansprechende Größenordnungen zu erreichen, erfinden nicht selten selbst alternative Kennzahlen. Ein populäres Beispiel ist die Kennzahl EBITDAR, ein Akronym für *Earnings before Interest, Taxes, Depreciation, Amortization and Restructuring*, wobei das R je nach Intention auch für *Rent*, also Miete, stehen kann. Noch weniger aussagekräftig sind EBITDARM, die Abkürzung für *Earnings before Interest, Taxes, Depreciation, Amortization, Restructuring and Management Fees*; EBITDAX, das für Öl- oder Minengesellschaften die Explorationskosten außer Acht lässt; oder EBITDASO, bei dem die Aufwendungen für Stock Options herausgerechnet werden. Kritische Analysten stecken da nicht zurück und haben den Begriff EBBS geprägt, der für *Earnings before Bad Stuff* steht, und fragen sich, wann wohl erstmals das EBAC – *Earnings before all Costs* – Eingang in die Unternehmenspräsentationen findet.

Nur weil Abschreibungen keine liquiditätsbelastenden Aufwandspositionen der Gegenwart darstellen, heißt das nicht, dass sie keine bewertungsrelevante Aufwandsposition wären: Der liquiditätsbelastende Vorgang hat nur zu einem früheren Zeitpunkt stattgefunden. Da wir aber von einem Going Concern des Unternehmens ausgehen, muss sich in absehbarer Zeit die liquiditätsbelastende Entscheidung wiederholen, wenn der Vermögensgegenstand vollständig abgeschrieben ist und eine Ersatzinvestition notwendig wird.

Ähnlich wie beim EV/Umsatz-Multiplikator treten Schwierigkeiten bei der Bestimmung des EBIT bzw. des EBITDA immer dann auf, wenn nicht vollkonsolidierte Tochtergesellschaften zum Konzernverbund zählen. Sie gehen nicht in das operative Ergebnis der Muttergesellschaft ein, sondern werden erst im Finanzergebnis unter der Position „Ergebnis aus Beteiligungen" oder „Ergebnis aus assoziierten Unternehmen" berücksichtigt. Auf der anderen Seite sind im Marktwert des Eigenkapitals Erträge aus nicht vollkonsolidierten Töchtern durchaus enthalten. Damit ist eine methodische Inkonsistenz zu konstatieren, die dazu führt, dass der EV/EBITDA-Multiplikator für Unternehmen mit Beteiligungen zu hoch ausgewiesen wird. Die Unternehmensbewertung ermittelt damit einen zu geringen Wert.

Ebenfalls ist zu beachten, dass die Berechnung von „Earnings before"-Kennzahlen wie dem EBITDA weder am Kapitalmarkt noch im Financial Reporting des Unternehmens standardisiert ist. Vielmehr handelt es sich um sogenannte *Non-GAAP Figures*, also Ergebnisgrößen, für die keine allgemein anerkannten Prinzipien oder Ableitungsbestimmungen definiert wurden. Aus den Überleitungsrechnungen in den Geschäftsberichten ist ersichtlich, dass zwischen Jahresüberschuss und EBITDA nicht nur Abschreibungen, Unternehmenssteuern und das Zinsergebnis aufgeführt werden, wie man zunächst vermuten könnte, sondern regelmäßig eine Reihe weiterer Bereinigungspositionen erwähnt werden, die häufig für den Außenstehenden nicht nachvollziehbar sind.

Ähnlich dem Kurs-Umsatz-Verhältnis unterliegen auch die vereinzelt verwendeten Kennzahlen *P*/EBITDA oder *P*/EBIT einem systematischen Defekt: Hier wird der Aktienkurs, also der allein den Aktionären zustehende Teil des Unternehmenswertes, mit einer Ertragskennzahl (EBITDA oder EBIT) verglichen, aus der auch Fremdkapitalgeber und andere Anspruchsberechtigte bedient werden. Damit stehen im Zähler und im Nenner der beiden Kennzahlen Parameter, die unterschiedlichen Kapitalgebern zustehen. Beide Kennzahlen sind aufgrund dieser methodischen Defizite abzulehnen.

3.10 Marktwert/Firmenwert-Verhältnis als Alternative zum KBV

You might be a redneck if (...) the blue book value of your truck goes up and down depending on how much gas it has in it.
Jeffrey Marshall „Jeff" Foxworthy (*1958), US-amerikanischer Komiker

Im Gegensatz zum KBV analysiert und bewertet das eher selten verwendete Marktwert-Firmenwert(MVFV)-Verhältnis die gesamte Bilanzstruktur, nicht nur das Eigenkapital. Die Kennzahl wird üblicherweise auf Basis der Marktwerte berechnet, also:

$$\text{MVFV} = \frac{\text{EK}_0 + \text{Debt}_0}{\text{EK} + \text{Debt}}$$

Aber auch Enterprise-Value-basierte Konzepte sind bekannt (wenngleich seltener in der Anwendung), die die nicht-liquiditätsbezogenen Ansprüche an das Gesellschaftsvermögen einbeziehen:

$$\text{EVCE} = \frac{\text{EK}_0 + \text{Debt}_0 - \text{ExcessCash} + \text{MI}_0 + \text{PR}_0}{\text{EK} + \text{Debt} - \text{ExcessCash} + \text{MI} + \text{PR}}$$

Allgemein errechnet sich das Marktwert-Firmenwert-Verhältnis aus der Summe aus dem Marktwert des Eigenkapitals und dem Marktwert der zinstragenden Verbindlichkeiten dividiert durch die Summe der jeweiligen Buchwerte. So wie bei der Berechnung des Wertes des Eigenkapitals sämtliche Ansprüche der Aktionäre wiedergegeben werden müssen, insbesondere also die Ansprüche der Stamm- und

Vorzugsaktionäre, sind auch hier theoretisch sämtliche Ansprüche der Kapitalgeber zu berücksichtigen, also – falls vorhanden – operatives Leasing oder andere außerbilanzielle Verpflichtungen.

Die fundamentalen Einflussfaktoren auf das EVCE-Verhältnis lassen sich aus der nachstehenden, nicht unbedingt übersichtlichen Gleichung ableiten:

$$\mathrm{EVCE} = \frac{\mathrm{ROCE} - \dfrac{I_n}{\mathrm{EK} + \mathrm{Debt} - \mathrm{ExcessCash}}}{\mathrm{WACC} - g_{\mathrm{R}}}$$

Auf der rechten Seite der Gleichung steht im Zähler die Differenz aus der Gesamtkapitalrendite und der zu ihrer Erwirtschaftung erforderlichen Investitionsquote. Diese beiden Parameter können als Output und Input interpretiert werden und weisen Ähnlichkeiten zu den Wertschöpfungsmodellen auf: Je größer die Differenz zwischen Output und Input, desto größer fällt bei sonst gleichbleibenden Bedingungen das EVCE-Verhältnis aus. Die Profitabilität eines Unternehmens hat damit unmittelbare Auswirkungen auf die Höhe des EVCE-Verhältnisses. Für den Nenner gelten die üblichen Beziehungen: So ist der EVCE-Multiplikator umso größer, je niedriger die durchschnittlichen gewichteten Kapitalkosten und je höher die erwarteten Wachstumsraten sind; zudem spielt auch die Differenz der beiden Prozentsätze eine bewertungsrelevante Rolle.

3.11 Sektorspezifische Multiplikatoren

The illusion has become real, and the more real it becomes, the more desperately they want it. Capitalism at its finest.
Gordon Gekko, (gar nicht so) fiktionaler gieriger Finanzinvestor in dem Film „Wall Street" (1987)

Mit dem Aufkommen der „New Economy" gegen Ende des letzten Jahrtausends begann für die in traditionellen Bewertungsmethoden geschulten Analysten und Investoren eine traumatische Zeit: Jahrzehntelang hatten die Kapitalmärkte nur etablierten Unternehmen als Medium der Kapitalbeschaffung offengestanden; nun gingen Unternehmen an die Börse, die nicht nur erst kurz zuvor gegründet worden waren, sondern von denen oft kaum mehr als eine veritable Geschäftsidee existierte, die noch nicht einmal Umsätze generierten, die keinen Buchwert hatten und deren Finanzberichterstattung nur wenig darüber aussagte, welche Vermögenswerte einmal einen Wertbeitrag leisten sollten.

In diesem Umfeld kamen und kommen Analysten und Investoren mit ihren erlernten Schulbuchverfahren nicht weiter. Gesucht werden Kennzahlen, mit deren Hilfe Webportale oder transaktionsbasierte Internetgeschäftsmodelle in den Griff zu bekommen sind, und Multiplikatoren, die die zentralen Werttreiber dieser Unternehmen freilegen und als Näherungsgröße für die zukünftig zu erwartenden Erträge verwendet werden können. Fündig wurde man bei Enterprise-Value-Multiplikatoren, die nicht auf Finanzkennzahlen wie Umsatz oder EBIT basieren, sondern auf nicht-finanziellen Bezugsgrößen, den sogenannten Non-Financials.

Bevorzugt kommen Non-Financials in abonnentenbasierten Geschäftsmodellen wie dem Bezahl- oder Kabelfernsehen oder im Mobilfunk zur Anwendung. In diesen Branchen ist es üblich, den Wert eines einzelnen Abonnenten zu ermitteln, indem der Enterprise Value des Unternehmens durch die durchschnittliche Anzahl der Abonnenten einer Periode dividiert wird, also:

$$\frac{EV_0}{\text{Abonnent}} = \frac{EK_0 + Debt_0 - ExcessCash + MI_0 + PR_0}{\frac{\text{Abonnenten}_t + \text{Abonnenten}_{t-1}}{2}}$$

Anschließend wird die Kennzahl des zu bewertenden Unternehmens mit dem Multiplikator eines anderen Unternehmens oder einer Peergroup verglichen und eine relative Über- oder Unterbewertung des Unternehmens festgestellt.

Diese Vorgehensweise ist intuitiv nachvollziehbar und führt schnell zu einem sinnvollen Ergebnis: Wird einem Parameter ein Wert zugeordnet, ist nur noch die zukünftige Entwicklung dieses Parameters zu prognostizieren und schon kann die Bewertung als beendet erklärt werden. Überdies unterliegt sie keinen buchhalterischen Bewertungsspielräumen, frei nach Gertrude Stein: Ein Abonnent ist ein Abonnent ist ein Abonnent. Doch lässt sich eine kausale Verbindung zwischen dem industriespezifischen Indikator und der betrieblichen Wertschöpfung in der Regel nicht nachweisen. Zu sinnvollen Ergebnissen kommt diese Methodik zudem nur dann, wenn die Abonnenten untereinander relativ homogen sind, wenn also zum Beispiel die Kündigungsraten der Abonnenten oder ihre durchschnittlichen Umsatzbeiträge (ARPU) im Wettbewerbsvergleich ähnlich sind. Darüber hinaus weisen branchenspezifische Non-Financial-Multiplikatoren auch methodische Defekte auf: Da sie branchenspezifisch sind, können sie nicht für andere Sektoren ermittelt werden. Dass sie damit maßgeblich zur Entstehung von Bewertungsblasen beitragen, ist beinahe unvermeidlich. Daher sollten branchenspezifische Multiplikatoren niemals isoliert betrachtet werden, sondern immer nur im Zusammenhang mit den Fundamentalparametern, von denen sie getrieben werden, zum Beispiel den Wachstumsraten der Abonnentenzahlen.

Fazit

Not everything that counts can be counted, and not everything that can be counted counts.
Aufschrift auf einem Schild in Albert Einsteins Büro in Princeton

Ziel dieses Buches war es, einen Überblick über die verschiedenen marktgängigen Bewertungsmethoden zu geben, von dem Neulinge ebenso wie Bewertungsfachleute profitieren können. Es wurde geschrieben, weil aus Sicht des Autors ein Bedarf existiert nach einem methodisch anspruchsvollen und inhaltlich auf die wesentlichen Elemente der Unternehmensbewertung ausgerichteten Buch, das nicht in den Bücherregalen verstauben soll, sondern sich im täglichen Gebrauch befindet. Gefordert wurde ein praxisnahes und dennoch umfassendes Buch.

Um an den Kapitalmärkten ein kleines Vermögen zu machen, so die alte Börsenweisheit, ist ein großes erforderlich. Wenn Sie sich bis hierhin durchgeschlagen haben, ist Ihnen womöglich bewusst geworden, dass auch ein stringentes, methodenbasiertes Vorgehen für eine erfolgreiche Anlagestrategie hilfreich sein könnte. Denn Kapitalmärkte sind nicht so effizient, wie es uns die Theoretiker gerne weismachen möchten. Wer diese Ineffizienzen ausnutzen will, benötigt entsprechendes Rüstzeug – wie es in diesem Büchlein vermittelt wird. Denn wie sagte schon Warren Buffett: „Risk comes from not knowing what you're doing."

Ich wünsche Ihnen nun viel Erfolg in der Umsetzung.

P. T. Hasler, *Quintessenz der Unternehmensbewertung*, Quintessenz-Reihe,
DOI 10.1007/978-3-642-36478-5, © Springer-Verlag Berlin Heidelberg 2013

Über den Autor

Peter Thilo Hasler ist Vorstand der Blättchen & Partner AG, eines der führenden Corporate-Finance-Experten Deutschlands. Schwerpunkt seiner Tätigkeit ist die Beratung bei Börsengängen und Anleihe-Emissionen. Darüber hinaus ist Hasler Gründer der Sphene Capital GmbH, die ausgewählten Unternehmen hochwertiges Aktien- und Bond-Research anbietet.

Nach einem Studium der Volkswirtschaftslehre an der Universität Passau begann Hasler seine Karriere als Finanzanalyst für Elektrowerte bei der Bayerischen Vereinsbank in München. Seit Mitte der 1990er-Jahre war er als stellvertretender Leiter der Unternehmensanalyse verantwortlich für alle Börsengänge des Finanzinstituts. 2000 verließ Hasler die Bank und wurde Finanzvorstand bei Scotia International, einem führenden deutschen Filmrechtehändler, kehrte jedoch im selben Jahr als Leiter des Neuer-Markt-Research, des späteren Small Caps Research, zur HypoVereinsbank zurück. 2006 wechselte er zur Viscardi AG, einer Münchener Investmentbank, wo er für alle Börsengänge sowie die Research Coverage von kleinen und mittelständischen Unternehmen verantwortlich war.

Peter Thilo Hasler ist CEFA-Analyst der Deutschen Vereinigung für Finanzanalyse und Asset Management (DVFA), dem Berufsverband der Investment Professionals in Deutschland, stellvertretender Vorsitzender der DVFA Small and Mid Cap Expert Group sowie Referent der DVFA. Er ist Autor zahlreicher Aufsätze und Bücher zur Unternehmensbewertung und über Mittelstandsanleihen. Hasler ist verheiratet und hat zwei Söhne.

P. T. Hasler, *Quintessenz der Unternehmensbewertung*, Quintessenz-Reihe,
DOI 10.1007/978-3-642-36478-5, © Springer-Verlag Berlin Heidelberg 2013

Literatur

Zitierte Bücher

Buffett, W. (2000). *Aktionärsbrief des Jahresabschlusses der Berkshire Hathaway Inc.* Omaha.

Buffett, W. E., & Cunningham, L. A. (1999). *The essays of warren buffett: Lessons for corporate America*. New York: Cunningham Group.

Cole, R. (2011). *The unwritten laws of finance and investment*. London: Profile Books.

Damodaran, A. (2012). *Investment valuation: Tools and techniques for determining the value of any asset* (3. Aufl.). New York: Wiley.

Edmans, A. (2007). *Blockholders, market efficiency, and managerial myopia*. MIT Sloan School of Management, Discussion Paper.

Fernández, P., & del Campo, J. (2010). *Market risk premium used in 2010 by professors: A survey with 1.500 answers*. IESE Business School Working Paper.

Frei, P., & Leleux, B. (2004). Valuation – What you need to know. *Nature Biotechnology, 22*, 1049–1051.

Friedman, M., & Schwartz, A. J. (1963). *A monetary history of the United States 1867–1960*. Princeton: Princeton University Press.

Modigliani, F., & Miller, M. H. (1958). The cost of capital, corporation finance and the theory of investment. *The American Economic Review, 48*(3), 261–297.

Graham, B. (2010). *Building a profession: The early writings of the father of security analysis*. New York: McGraw Hill.

Greenspan, A. (1996). Rede zur Jahrestagung des The American Enterprise Institute for Public Policy Research am 5. Dezember 1996.

Hasler, P. T. (2011). *Aktien richtig bewerten: Theoretische Grundlagen praktisch erklärt*. Springer.

Keynes, J. M. (1936). *The general theory of employment, interest and money*. London.

Lintner, J. (1965). The capital asset pricing model: Theory and evidence. *Journal of Economic Perspectives, 18*, 25–46.

Montier, J. (2008). *Mind matters: The dangers of DCF*. Société Générale Cross Asset Research.

Mossin, J. (1966). Equilibrium in a capital asset market. *Econometrica, 34*, 768–783.

P. T. Hasler, *Quintessenz der Unternehmensbewertung*, Quintessenz-Reihe,
DOI 10.1007/978-3-642-36478-5,

Sharpe, W. (1964). Capital asset prices – A theory of market equilibrium under conditions of risk. *The Journal of Finance, 19*, 425–442.
Twain, M. (1899). *The writings of Mark Twain vol. VI: Following the equator; a journey around the world.* New York: Digireads.com Publishing.

Ein Dutzend Bücher für die Insel

Copeland, T., Koller, T., Murrin, J., & McKinsey & Company Inc. (2002). *Unternehmenswert: Methoden und Strategien für eine wertorientierte Unternehmensführung* (3. Aufl.). Frankfurt am Main: Campus.
„Dies ist ein ungewöhnliches Buch." So beginnt das Vorwort der deutschen Ausgabe des Klassikers, und in der Tat ist es ungewöhnlich, denn es machte den Shareholder-Value-Ansatz über Wertschöpfungsmodelle weltweit bekannt.

Damodaran, A. (2012). *Investment valuation: Tools and techniques for determining the value of any asset* (3. Aufl.). New York: Wiley.
Aswath Damodaran ist Professor an der renommierten New York University Stern Business School, an der er den Lehrstuhl für Unternehmensbewertung innehat. Empfehlenswert sind seine Bücher, seine Website und das Online-Studium zur Unternehmensbewertung, das er anbietet.

Drukarczyk, J., & Ernst, D. (Hrsg.). (2007). *Branchenorientierte Unternehmensbewertung* (2. Aufl.). München: Franz Vahlen.
In 24 Kapiteln werden branchenorientierte Bewertungsverfahren vorgestellt, von der Rechtsanwaltskanzlei bis zu Beteiligungen an Containerschiffen.

English, J. R. (2001). *Applied equity analysis – Stock valuation techniques for wall street professionals.* New York: McGraw-Hill.
Geschrieben von einem langjährigen Wall-Street-Analysten, ist das Buch ein umfassender Ratgeber der modernen Aktienanalyse: „The equity analyst's job is to present a position, supported by financial and non-financial evidence."

Graham, B., & Dodd, D. L. (1940). *Security analysis: Principles and technique* (2. Aufl.). New York: McGraw-Hill.
Bereits 1934 veröffentlichte Benjamin Graham gemeinsam mit David Dodd das Buch, das noch heute als Bibel für Value-Investoren gilt. Zusammen mit seinem Nachfolger, „The Intelligent Investor", ist es nicht nur für Warren Buffett das beste Buch, das jemals für Anleger geschrieben wurde.

Fernández, P. (2002). *Valuation methods and shareholder value creation.* San Diego: Academic.
Eine Symbiose aus Theorie und Praxis, die auch einen erfahrenen Bewerter mit ungewöhnlichen Ansichten überrascht. Besonders lesenswert sind die Erklärungen zum APV-Ansatz.

Fisher, P. A. (1996). *Common stocks and uncommon profits.* New York: Wiley.
Philip Fisher gilt als einer der bedeutendsten Investoren aller Zeiten, der nicht nur von Warren Buffett verehrt wird. In seinem Buch untersucht er die 15 wichtigsten Eigenschaften, die ein Investor von einem Geschäftsmodell fordern sollte.

Hasler, P. T. (2011). *Aktien richtig bewerten: Theoretische Grundlagen praktisch erklärt*. Springer.
Darf man sein eigenes Buch empfehlen? Ich finde ja, denn alle Bewertungsmethoden werden hier umfänglich auf rund 500 Seiten mit zahlreichen Beispielen erklärt.

Montier, J. (2009). *Value investing: Tools and techniques for intelligent investment*. Chichester: Wiley.
Montier schreddert die Theorie der Markteffizienz, propagiert Behavioral-Finance-Ansichten und beweist, dass erfolgreiche Kapitalanlagen eine fundierte Value-Orientierung und ein gesundes Selbstbewusstsein erfordern.

Schilit, H. M., & Perler, J. (2010). *Financial shenanigans: How to detect accounting gimmicks & fraud in financial reports* (3. Aufl.). New York: McGraw-Hill.
Er gilt als Sherlock Holmes der betrügerischen Buchhaltung. Wer verräterisches Verhalten in den unternehmerischen Veröffentlichungen entdecken will, kommt um dieses Buch nicht herum.

Thomas, R., & Gup, B. E. (Hrsg.). (2010). *The valuation handbook: Valuation techniques from today's top practioners*. Hoboken: Wiley.
Anders als andere Bewertungsbücher, da als Sammelband ausschließlich von Praktikern aus Beratungsunternehmen und dem institutionellen Fondsmanagement verfasst.

Vernimmen, P., Quiry, P., Dallocchio, M., Le Fur, Y., & Salvi., A. (2011). *Corporate finance: Theory and practice* (3. Aufl.). Chichester: Wiley.
Hier wird Corporate Finance durch eine bewusst europäische Brille betrachtet. Viele Tabellen und Beispiele, mehr als die reine Unternehmensbewertung. Vorbildliche Website und lesenswerter Newsletter.

Zehn Bücher des erweiterten Kreises

Ariely, D. (2009). *Predictably irrational: The hidden forces that shape our decisions*. London: HarperCollins.
Ein Buch weniger über Unternehmensbewertung als über die psychologischen Hürden, die ein Investor im Beteiligungsprozess überspringen muss.

Damodaran, A. (2001). *The dark side of valuation: Valuing old tech, new tech, and new economy companies*. Upper Saddle River: Financial Times Prentice Hall.
Das Bewusstsein, dass es auch in Zeiten von Bewertungsblasen sinnvoll ist, sich der traditionellen Bewertungsverfahren zu entsinnen, ist das Verdienst dieses Buches.

Drukarczyk, J., & Schüler, A. (2007). *Unternehmensbewertung* (5. Aufl.) München: Vahlen.
Eine lehrbuchartige Gesamtschau auf Diskontierungs- und Wertschöpfungsmodelle, Multiplikatorverfahren kommen dagegen zu kurz.

Ernst, D., Schneider, S., & Thielen, B. (2010). *Unternehmensbewertungen erstellen und verstehen: Ein Praxisleitfaden* (4. Aufl.). München: Vahlen.
Unter den deutschen Bewertungsbüchern eines der verständlichsten, in dem die theoretischen Grundlagen anhand von Beispielen erläutert werden.

Fernández, P., & Bilan, A. (2007). *101 common errors in company valuation*. University of Navarra Working Paper.
Ein nützliches Whitepaper, das hilft, typische Bewertungsfehler zu vermeiden.

Hooke, J. C. (2010). *Security analysis and business valuation on wall street: A comprehensive guide to today's valuation methods* (2. Aufl.). Hoboken: Wiley.
Praxisorientiertes Handbuch mit zahlreichen Case Studies und industriespezifischen Bewertungsverfahren.

Malabre, A. L. Jr. (2003). *Lost prophets: An insider's history of the modern economists*. Boston: Harvard Business School Press.
Eine Einführung in die Denkweise der führenden Ökonomen und ihre Auswirkungen auf die wirtschaftliche Lage der Gegenwart.

Montier, J. (2007). *Behavioural investing: A practioner's guide to applying behavioural finance*. Chichester: Wiley.
Mehr als 700 höchst lesbare Seiten über die Psychologie der Kapitalanlage, mit zahlreichen Beispielen belegt.

Peemüller, V. H. (Hrsg.). (2007). *Praxishandbuch der Unternehmensbewertung* (4. Aufl.). Herne: Verlag Neue Wirtschaftsbriefe.
Ein Sammelband von über 1.000 Seiten mit der Crème de la Crème der deutschen Bewertungsszene. Trotz des Titels eher theorielastig.

Spremann, K., & Ernst, D. (2011). *Unternehmensbewertung: Grundlagen und Praxis* (2. Aufl.). München: Oldenbourg.
Intrinsische Bewertungsverfahren werden anschaulich und umfassend erläutert, Peergroup-Modelle vermisst der Leser.